Schriftenreihe BALTISCHE SEMINARE

Bd. 9

Künstler und Kunstausstellungen im Baltikum
im 19. Jahrhundert

Schriftenreihe BALTISCHE SEMINARE
Herausgegeben von der
Carl-Schirren-Gesellschaft e. V.

Band 9

Als Deutsch-Baltisches Kulturwerk veranstaltet die Carl-Schirren-Gesellschaft seit 1989 Baltische Seminare in Lüneburg. Dabei werden geistes- und kulturgeschichtliche Themen behandelt mit besonderer Berücksichtigung der wechselseitigen Kulturbeziehungen zwischen Esten, Letten und Deutschbalten. Die Referenten sind Fachwissenschaftler aus Estland, Lettland und Deutschland.

Eine wesentliche Aufgabe der Baltischen Seminare besteht in der gegenseitigen Information. Als Symposien sollen sie über die nationalen Grenzen hinaus der Fachwissenschaft in Deutschland einen Überblick über den Forschungsstand der baltischen Länder verschaffen. Ebenso wichtig ist die bei dieser Gelegenheit zu vermittelnde Information für estnische und lettische Wissenschaftler hinsichtlich neuester Forschungsarbeiten aus ihrem Fachgebiet in Deutschland.

Mit der Herausgabe der Schriftenreihe BALTISCHE SEMINARE will die Carl-Schirren-Gesellschaft eine wissenschaftlich interessierte und allgemeine Öffentlichkeit erreichen.

Prof. Dr. Michael Garleff
Vorsitzender

KÜNSTLER UND KUNSTAUSSTELLUNGEN IM BALTIKUM IM 19. JAHRHUNDERT

Zwölf Beiträge zum

11. Baltischen Seminar 1999

Herausgegeben von

Gisela Reineking-von Bock

Verlag Carl-Schirren-Gesellschaft

Lüneburg 2007

Die Deutsche Bibliothek – CIP Einheitsaufnahme

Künstler und Kunstausstellungen im Baltikum im 19. Jahrhundert:
Zwölf Beiträge zum 11. Baltischen Seminar 1999
hrsg. von Gisela Reineking-von Bock
Lüneburg: Carl-Schirren-Gesellschaft 2007
Baltische Seminare: 9
ISBN-13: 978-3-923149-43-8

Gedruckt mit Unterstützung der
Karl Ernst von Baer-Stiftung

Layout und Bildbearbeitung: Hans-Gerhard Körner

Umschlagsentwurf: Ilmar Anvelt

Copyright 2007 by
Schriftenvertrieb Carl-Schirren-Gesellschaft e.V.
Lüneburg 2007

Herstellung: Books on Demand GmbH

ISBN-13: 978-3-923149-43-8

Inhaltsverzeichnis

GISELA REINEKING-VON BOCK 7
Zur Zusammenarbeit deutscher und baltischer
Wissenschaftler

GISELA REINEKING-VON BOCK 9
Kunstgeschichtliche Voraussetzungen für die
Entwicklung in den baltischen Ländern im
19. Jahrhundert

ANNE LÕUGAS 21
Entwicklung der Porträtkunst in Estland
im 19. Jahrhundert

KADI POLLI 41
Das zeichnerische Werk von Johann Wilhelm
Krause (1757-1828) im Kontext der livländischen
Kultur und den internationalen Kunstrichtungen

GABRIELE HOLLAND-HÜBNER 69
Carl Timoleon von Neff –
ein baltischer Maler mit Fortune

EDVARDA ŠMITE 95
Baltisches Kulturerbe und die Dresdner
Kunstakademie

CARSTEN STERNBERG 109
Drei Balten in Düsseldorf
Der Beitrag der Maler:
Gregor von Bochmann, 1850 - 1930
Eugène Dücker, 1841 - 1916
Eduard von Gebhardt, 1838 - 1925
Zur Programmatik der Düsseldorfer Schule

TIINA ABEL 127
Altargemälde der Düsseldorfer Schule in Estland

DACE LAMBERGA 145
Die Bildung des nationalen Selbstbewusstseins in
der lettischen Kunst 1880 - 1910

REIN LOODUS 169
Kunstausstellungen in Reval im 19. Jahrhundert

DAIGA UPENIECE 181
Die deutschbaltischen Sammlungen im Museum
für ausländische Kunst Lettlands,
ihr Umfang und ihre Bedeutung

ALEXANDER VON KNORRE 197
Die Roppsche Kunstsammlung im Baltikum

VALENTĪNA OPALA 213
Reinhold Philipp Schilling -
Kunstsammler und Mäzen in Riga

Personenregister 223

Ortsregister 237

Autorenverzeichnis 243

KÜNSTLER UND KUNSTAUSSTELLUNGEN IM BALTIKUM IM 19. JAHRHUNDERT

Zur Zusammenarbeit deutscher und baltischer Wissenschaftler

Gisela Reineking-von Bock

Mit Freude kann man heute feststellen, dass in Estland und Lettland bewusst auch das deutsche Kulturerbe in der Vergangenheit wahrgenommen wird. Man beginnt dort die eigene Kulturgeschichte in unmittelbarem Zusammenhang mit der in Deutschland zu sehen. Dies ist jetzt, wo die baltischen Staaten ihren Weg zurück nach Europa suchen, von großer Bedeutung. Das Baltikum sieht sich auch hierdurch mehr und mehr als ein in Europa eingebundenes Land. Die Referate und Diskussionen in diesem Seminar möchten diese Erkenntnis vertiefen und die Wurzeln für die gegenwärtig angestrebte Situation auch im kulturellen Leben des 19. Jahrhunderts suchen.

Gerade die Erforschung der Kunst und ihrer Entwicklungsgeschichte im Baltikum des 19. Jahrhunderts kann mit den entsprechenden Künstlerbiographien, der Schilderung des damaligen Umgangs der Menschen mit der Kunst, ihres Engagements für den Kunsterwerb, der Kunstförderung, dem beginnenden Ausstellungswesen und der Sammelleidenschaft mancher Zeitgenossen die Lebenseinstellung der Menschen dort besonders gut dokumentieren.

Es wird für solche Ergebnisse außergewöhnlich fruchtbar sein, dass wir in den kommenden drei Tagen unsere Gedanken und Beobachtungen von zwei Seiten - der deutschen und der baltischen - zusammentragen können.

Für unsere Beiträge an Referaten und Diskussionen bringen wir Teilnehmer unterschiedliche Voraussetzungen mit. Die Kollegen aus den baltischen Staaten haben uns deutschen

Kunsthistorikern ein großes Denkmälerwissen ihrer Heimat voraus. Sie kennen den Bestand ihrer Museen und anderer Sammlungen und Archive besser als wir. Aber wir kennen die ehemals kulturfördernden deutschen Familien besser, da wir z.T. ihre Nachkommen sind, weshalb sich bei uns durch die Tradition mitunter manches ehemalige Gedankengut erhalten hat. Außerdem haben sich auch bei uns durch die Umsiedlung trotz der Kriegsverluste viele Dokumente, Schriftquellen und gar Kunstwerke, die nach Deutschland, wie überhaupt in die westliche Welt, gelangt sind, erhalten.

Wir können nun ein Forum bilden, um unser gemeinsames Wissen zusammenzulegen.

KUNSTGESCHICHTLICHE VORAUSSETZUNGEN FÜR DIE ENTWICKLUNG IN DEN BALTISCHEN LÄNDERN IM 19. JAHRHUNDERT

Gisela Reineking-von Bock

Historische Situation der Ostseeprovinzen Russlands im 19. Jahrhundert

Die ehemaligen, sogenannten Ostseeprovinzen Estland, Livland und Kurland gehörten zwar seit Peter I. zu Russland, bis sich auf ihrem Gebiet am Anfang unseres Jahrhunderts die baltischen Staaten bildeten, doch waren sie seit dem 12. Jahrhundert ein vor allem von Deutschland her kulturell geprägtes Land. Bis zum 14. September 1885 war hier die Amtssprache deutsch, und obwohl diese an jenem Tag verboten worden war und später die Zahl der russischen Bürger in den Städten beachtlich zugenommen hatte, hat sich dort weder die russische Sprache noch die russische Kultur im allgemeinen Leben de facto durchsetzen können.

Für jede kulturelle Tätigkeit, sei es in der Bildenden Kunst, der Musik oder in der Literatur, waren im 19. Jahrhundert wie ehedem die lebendigen Kontakte mit Deutschland ausschlaggebend. Natürlich nahm mit dem Erstarken des Selbstbewusstseins der Esten und Letten auch der Einfluss ihrer Tradition im Kulturleben zu. Wir sollten daher versuchen zu beobachten, wie weit diese beiden Richtungen im 19. Jahrhundert parallel nebeneinander hergingen oder, ob sie sich vielleicht schon gegenseitig befruchtet haben. Freilich sind solche Beobachtungen nicht vor der 2. Hälfte des 19. Jahrhunderts möglich, da die Esten und Letten, die vor dieser Zeit einen sozialen Aufstieg in ein begütertes Leben erreicht hatten, automatisch in die deutsche Bildungsschicht hineingewachsen zu sein scheinen.

Die politischen und staatspsychologischen Umstände hatten das Leben in den Ostseeprovinzen des russischen Reiches wie auch in den anderen europäischen Ländern im 19. Jahrhundert besonders stark beeinflusst. In dieser Zeit ist nämlich nicht nur in Mitteleuropa, sondern auch im heutigen Estland und Lettland sowie in Litauen das patriotische Selbstbewusstsein der Völker erwacht. Anzeichen für ein Überleben der Liven und Kurländer scheint es jedoch nicht zu geben, obwohl sie ursprünglich so zahlreich gewesen sind, dass sie zwei ehemaligen Ländern im Baltikum den Namen gegeben hatten.

Zum ersten Mal ist das Erwachen eines Nationalbewusstseins der ortsansässigen Volksgruppen in der Mitte des 19. Jahrhunderts durch Christian Woldemar festzustellen,[1] der sich nämlich bei der Immatrikulation an der Universität Dorpat als „Lette" bezeichnet hatte. Folgerichtig gründete gerade er mit seinen Freunden, 1855, den „Lettischen Abend" - einen Zirkel, in dem das lettische Schrifttum nicht wie bisher von Deutschen, vor allem von deutschen Pastoren, gesammelt und gelehrt worden ist, sondern in dem es bewusst von Letten selbst gepflegt wurde. Dieses Datum 1855 scheint mir daher für die gesellschaftliche Entwicklung im Baltikum einige Bedeutung zu sein, auch wenn es natürlich kein Datum von geschichtsträchtiger Tragweite gewesen ist.

Auch nach 1855 bestimmten vor allem die engen Bande der deutschen Familien zu Mitteleuropa das kulturelle Leben im Baltikum. Natürlich war auch der Kontakt nach Russland, vor allem nach St. Petersburg, in das Umfeld des Zarenhofes nicht gering, aber die dynastische Verflechtung der Romanows mit den deutschen Fürstentümern verstärkten auch von hier aus die Verbindung vor allem zu den deutschen Ländern, von de-

---

[1] Reinhard Wittram, Baltische Geschichte. Die Ostseelande Livland, Estland, Kurland, 1180-1918. Darmstadt 1973, S. 179.

nen es vor der Ausrufung des deutschen Kaiserreiches, 1871, 30 gegeben hat.

Wir wollen und müssen uns daher immer wieder fragen, auf welchem Weg und wie die Künstler des Baltikums mit den Kunstströmungen im Westen bekannt geworden sind.

Kunstbetrachtungen im 19. Jahrhundert

Zunächst möchte ich jedoch kurz die Entwicklung der Bildenden Kunst im 19. Jahrhundert skizzieren, so wie sie sich in Deutschland abzeichnete, damit eine Vergleichsbasis mit der Entwicklung im Baltikum gegeben ist. Wir sollten nämlich auch hinterfragen, ob die Vertreter der verschiedenen Kunstrichtungen im Baltikum im Gleichschritt mit den Künstlern im deutschen Mutterland gegangen sind oder ob ihr Schaffen einige Verzögerungen, bedingt durch den räumlichen Abstand, aufzeigt. Eine solche Möglichkeit sollten wir grundsätzlich nicht ausschließen, denn auch unter den europäischen Ländern sind Zeitverschiebungen selbst bei den großen Stilrichtungen immer wieder vorgekommen.

Nun hat gerade das 19. Jahrhundert eine gedrängte Folge verschiedener Kunstrichtungen. Unterschiedliche Ansichten wurden oft zur gleichen Zeit in Nord- und in Süddeutschland vertreten und sind mitunter durch die verschiedenen Glaubensrichtungen - des Protestantismus und des Katholizismus - zu erklären. Im lutherischen, also im protestantisch geprägten Baltikum werden wir daher mehr Parallelen zu Nord- und Mitteldeutschland als zu Süd- und Westdeutschland finden, und doch sind viele Maler, dem allgemeinen deutschen Drang folgend, nicht nur auch in das katholische Frankreich, sondern weit häufiger auch in das katholische Italien bis nach Rom gereist. Die Einbeziehung baltischer Künstler in die allgemeine Kunstentwicklung kann daher mehrschichtig sein.

Die Vielfalt der Kunstszene und überhaupt des gesellschaftlichen Lebens war im 19. Jahrhundert so groß wie nie zuvor. Durch das Entwicklungstempo in unserer Zeit ständig in Unruhe versetzt, übersehen wir gar zu leicht, dass die Menschen damals vielleicht noch mehr Veränderungen zu durchleben hatten als wir in Westeuropa.[2] Die kurzlebigen Stilrichtungen in der Kleidermode der Frauen bringen dies besonders anschaulich zum Ausdruck. Neben den großen Veränderungen der Mode im 19. Jahrhundert wirkt die Mode besonders in der 2. Hälfte des 20. Jahrhunderts sehr konstant.

Wie sich die Mode des Empire gleich zu Beginn des 19. Jahrhunderts gegen die Mode des Rokoko auflehnte, so änderten sich damals auch die Ansichten in der Bildenden Kunst. Nicht nur die Literatur der Klassik löste mit einem neuen Menschentyp die gefühlsbetonten Helden des „Sturm und Drang" ab, auch die Malerei des Klassizismus wurde durch neue Stilideale geprägt und lehnte die schönfarbige, sowie schwungvolle und rasch ausgeführte Malerei des Rokoko vollkommen ab. Der avantgardistische Maler des beginnenden 19. Jahrhunderts arbeitete mit großer Sorgfalt und sehr zeitaufwendig. Die seit dem Rokoko beliebte temperamentvolle Malerei mit erkennbaren Pinselstrichen war als Stilmittel nicht mehr erlaubt.

Die Künstler wurden zu Theoretikern, studierten die antiken Vorbilder und ahmten sie nach. Kunst sollte nun vollkommen sein - in der handwerklichen Ausführung wie in der Komposition. Die Vollkommenheit galt als notwendige Eigenschaft der Schönheit, und dazu gehörte die Übereinstimmung von Form (Komposition), Farbe, Lichtführung und der Gestalten. Einen solch theoretisch ausgewogenen Idealzustand kann die Natur aber nicht bieten, weshalb die Menschen damals das Malen nach der Natur ablehnten und die Gesetze der notwendigen

---

[2] Für die Menschen in den baltischen Ländern sind die politischen Umwälzungen im letzten Jahrhundert jedoch einschneidender als je zuvor.

Ästhetik, der sie vollkommen überzeugenden Kunst, wissenschaftlich studierten. Gute Kunst war für sie erhaben, und Erhabenes musste einfach sein. Aber nur derjenige, der einen guten Geschmack besaß, konnte nach ihrer Meinung die guten Eigenschaften einer Sache erkennen und diese entsprechend würdigen und darstellen. Nun galt es schon immer als Auszeichnung, einen guten Geschmack zu haben, und jeder Künstler sollte sich selbstverständlich bemühen, diesen zu besitzen. Als Vorbilder sollten die Schüler nicht etwa die Natur mit ihren Fehlern wählen, sondern sie sollten die Werke anerkannter Künstler studieren und kopieren. Das Zeichnen und Malen nach Bildvorlagen und Gipsabgüssen war dabei der Grundstock ihrer Ausbildung.

So wurde das Studium der Schönheit vor die Ausübung der Kunst gestellt. Diese Ansicht ging auf den englischen Maler Sir Joshua Reynolds (1723-1792), Präsident der Royal Akademie in London, zurück, der der erfolgreichste Künstler seiner Zeit gewesen ist. Mit 15 kunsttheoretischen Abhandlungen hatte er nicht nur die Ansichten seiner Zeit, sondern auch die der folgenden Jahre geprägt. Für ihn war der Maler ein Berufsgelehrter. Seinen Geschmack konnte dieser nur im Gespräch mit Gelehrten formen. Über den Kunsttheoretiker hinaus besaß er als Künstler zusätzlich noch mehr Erfahrung als dieser und einen ausgebildeten Scharfsinn, der höher angesetzt war als die Vernunft. Darüber hinaus wurden beim Künstler natürlich auch handwerkliche Fähigkeiten zur Ausübung seiner künstlerischen Tätigkeit vorausgesetzt. Der Künstler stand für Reynolds daher im geistigen Rang über dem Wissenschaftler.

In Deutschland begann Johann Joachim Winckelmann (1717-1768) nach dieser Vorstellung seine kunstgeschichtliche Betrachtung auf die Antike zu konzentrieren, die für ihn das Vorbild für jedes wahre Kunstwerk geworden ist. Ohne seinen

Biographen Justiz aber wäre die Erinnerung an ihn nicht so lebendig geblieben. Wichtiger für seine Anerkennung war dazu vermutlich die Tatsache, dass nicht nur Lessing sondern auch Goethe seinen Standpunkt teilte. Für sie alle stand aber, umgekehrt als für Reynolds, die wissenschaftliche Betrachtung der Kunst über dem Schaffen von Kunst. Dieser Grundgedanke setzte sich dann im 19. Jahrhundert allgemein durch und hat schließlich auch zur Entwicklung unserer wissenschaftlichen Disziplin geführt.

Zunächst bewunderte man im Anfang des 19. Jahrhunderts daher aus vielerlei Gründen die Antike. Auch wer nicht bis Griechenland reiste, konnte damals schon die Büste der Athena von Phidias in Dresden und seit 1818 den Partenongiebel in London bewundern. Karl Friedrich Schinkel (1781-1841) war verzaubert von Athen, das er selbst nie gesehen hat. Er kannte aber Sizilien und dadurch die griechische Architektur von Paestum und Taormina. An diesen Beispielen schulte er seinen feinen Sinn für die Proportionen, so dass die Neue Wache und sein Schauspielhaus in Berlin Meisterwerke werden konnten, und die Architekten vieler Herrenhäuser im Baltikum sind offensichtlich seinem Ideal gefolgt.

Der klassizistische Bildhauer Gottfried Schadow (1761-1850) ist dann jedoch der erste Künstler, der sich von der blinden Nachahmung der Antike löste und seine Figuren nicht wie Römer oder Griechen, sondern nach der zeitgenössischen Mode gekleidet hat. Mit den dazu natürlichen, ungezwungenen Bewegungen, die er seinen Personen gab, ist er sogar seiner Zeit vorausgeeilt. Es spricht für die überaus engen Kontakte zu den namhaften Künstlern dieser Zeit und für die hohen künstlerischen Ansprüche im Baltikum, dass, wie Günter Krüger erarbeitet hat, selbst Schadow eine nicht geringe Zahl von Bildwerken im Auftrag baltischer Adliger geschaffen hat, so z.B. das Denkmal für Friedrich Georg von Lieven, das Grabmal der Marie Elisabeth von Lieven, die Marmorbüste des kurländischen Hofmarschalls Christian von Offenberg und einen Entwurf für eine Graburne für Christian von Ruhedorf auf dem Johannisfriedhof in Riga.³

Gleichzeitig malte auch Gerhard v. Kügelgen (1772-1820) seine Porträts als ungekünstelte Personen, was seine Auftraggeber als Stilrichtung sehr geschätzt haben müssen. Die meisten von ihnen waren ja im Baltikum zu Hause oder gehörten dem Umfeld des Zarenhofes in St. Petersburg an. An beiden Orten hatten sich besonders oft Menschen mit eigener Stilprägung, man sagte zu „Originalen", entwickelt, die es mehr als anderswo ablehnten, sich genormten Regeln zu unterwerfen. Da G. v. Kügelgen sich lange Zeit im Baltikum aufgehalten hat, wird dieser Umstand seine gelockerte Sehweise der Porträtierten und seinen Malstil beeinflusst haben.

Der rund 20 Jahre jüngere Wilhelm Tischbein (1751-1829), der v. Kügelgen um neun Jahre überlebt hat, erklärte sich aber neben seinem avantgardistischen Bekenntnis zur Naturnachahmung auch noch als traditioneller Anhänger der Antike, indem er bescheiden sagte: „Vor der lebenden Natur und vor der Antike sind wir alle Sünder."

Mit der aufkommenden Romantik war die Verehrung des Altertums jedoch endgültig überholt!

Der Siegeszug der englischen Gärten auch in Deutschland führte zunächst zur Landschaftsmalerei eines C. D. Friedrich (1774-1840), der die Stimmung nicht nur in schönen Ausblikken, sondern auch in Wettersituationen und Tageszeiten festgehalten hat. Überall meldete sich damals der Widerspruch gegen die scheinbare Gefühlskälte des Klassizismus, die die Masse der Menschen nicht verstanden hatte, und die daher die Philosophie der Gebildeten ablehnte. Parallel zum Lebensstil des Biedermeier wurde die Romantik in der Malerei eine bürgerli-

---

[3] Günter Krüger, Die Bildende Kunst zur Zeit des Klassizismus im Baltikum. (Manuskript).

che Stilrichtung. Es war ein Protest gegen das Theoretisieren. Im Volk artikulierte sich Spott gegen das Überhebliche. Die nachwachsende Generation strebte nach Freiheit und war überdrüssig, das ästhetische Urteil immer nur nach akademischen Regeln fällen zu dürfen.

Jahrzehnte war man angehalten gewesen, die Schönheit der Antike zu loben und in eigene Werke umzusetzen. Man hatte gelernt, angeblich schönere Werke zu schaffen, als die Natur sie bot. Nun wollte man das Natürliche so, wie man es selbst bei dem einfachen Volk finden konnte. In Weimar war man geschockt. Warum nahmen die jungen Künstler die altbewährten Regeln nicht mehr ernst? Goethe hatte ja schon gegen Schadow gewettert! Doch die jungen Romantiker liebten das, was zu Herzen geht. Die Betonung des Intellektuellen wurde von ihnen als verstaubte Ansicht abgelehnt, und der „Jüngling" wurde zur neuen Idealfigur, die auch die Literatur besang.

In der Mitte des 19. Jahrhunderts hatten sich daher neue Gedanken durchgesetzt, die Schadow als 85-Jähriger, ein Jahr vor seinem Tod, in seiner Denkschrift „Kunstwerke und Kunstansichten" zusammenfasste. Darin äußert er, dass es ohne Naturstudium keine Kunst gäbe, aber zuvor müsse man die „Schönheitsmanier" lernen, um die Motive in der Natur richtig auszuwählen.

Die 2. Hälfte des 19. Jahrhunderts brachte uns daraufhin das bekannte Malen nach der Natur, auf das sich viele Stilrichtungen einstellten.

Die „Zeichenschule" an der Universität Dorpat

Im Baltikum wurden diese Stilentwicklungen von der „Zeichenschule" der Universität Dorpat aufgegriffen. Sie war zwar mit keiner Kunstakademie zu vergleichen, aber viele Kunstinteressierte konnten hier die Grundbegriffe des Zeichnens, der graphischen Techniken und auch des Malens mit Öl erlernen. Kultiviert lebende Menschen umgeben sich ja gerne mit Objekten der Bildenden Kunst und tun dies umso lieber, je mehr kenntnisreiche Informationen zu deren Beurteilung sie besitzen und die sie damals offensichtlich auch von der Zeichenschule erwarteten.

Entsprechend der landespolitischen Organisation hatten zunächst die baltischen Ritterschaften die Initiative zur Wiederbelebung, die Trägerschaft und die Organisation dieser Universität, die zuerst in Mitau entstehen sollte, übernommen. Als sie daher die Genehmigung zu ihrer Neugründung von Zar Paul I., 1798, erhalten hatten, planten sie mit der Gesinnung der gesellschaftlichen Oberschicht sofort, im akademischen Universitätsrahmen auch eine Zeichenschule ins Leben zu rufen. Dies Vorhaben entsprach damals durchaus der hohen Bewertung der ausübenden Künste in ihrer Zeit. Die Universität sollte über die Zeichenschule eben auch geschmacksbildend auf alle wirken, und ihre Einbindung in das Universitätsleben war zwingend, da die Arbeit der bildenden Künstler damals ja ohnehin nach Reynolds im Rang über den akademischen Studien stand und nach Winckelmann ihnen ziemlich gleichgestellt gewesen ist. Erst nach der Ermordung von Paul I. hatte sein Sohn Alexander I. das traditionelle Dorpat als Standort der Universität festgelegt, und hier begann der Lehrbetrieb am 3. Mai 1802 (mit 7 Professoren und 19 Studenten).

Dem ersten Rektor der Universität Franz Parrot, der Physiker war, wird die Zeichenschule jedoch unwichtig erschienen sein. Er bemühte sich hauptsächlich um die Verstaatlichung der

Universität, wodurch die Finanzierung weit großzügiger gesichert war, als wenn die Adelsverbände die Kosten alleine hätten tragen müssen. Parrot kam, wie die Mutter des Zaren, aus dem württembergischen Mömpelgard (was sicher kein Zufall gewesen ist) und hatte wie Schiller die Karlsschule in Stuttgart besucht. In Dorpat konzentrierte er sich auf sozialpolitische Aufgaben: auf Reformen wie die Aufhebung der Leibeigenschaft, und den Bildungsaufstieg der lettischen und estnischen Bevölkerung.

An Diskussionen über die Kunst wird aber seit 1803 der 1. Kurator (Kanzler?) der Universität, Friedrich Maximilian Klinger, mehr Interesse gezeigt haben. Dieser kam ebenfalls aus Deutschland und war der Verfasser des Dramas „Sturm und Drang", das der entsprechenden Stilepoche seinen Namen gegeben hatte. So kamen die aktuellen, zeitgenössischen Ansichten auf direktem Wege aus Deutschland nach Dorpat, und Klinger wird hier in Fragen der Kunst ganz sicher nicht geschwiegen haben.

Es spricht auch für die Aktualität der Lehre in Dorpat, dass Karl Morgenstern (1770-1852), Professor für Beredsamkeit, klassische Philologie, Literatur- und Kunstgeschichte, 1803 eine Rede über Winckelmann gehalten hat, mit der er nach seinen Worten die Studenten „durch ein großes Beispiel wecken" wollte, womit er sicher zur Verbreitung der Winckelmann'schen Ansichten im gesamten Baltikum beigetragen hat.[4]

Gleichzeitig mit der Gründung der Universität Dorpat hatte Paul I. seinen Staatsbürgern aber den Besuch ausländischer Universitäten verboten. Durch diese verordnete Abschottung nach Westen sollten nämlich kein europäisches Gedankengut und keine Unruhen in Folge der Französischen Revolution das russische Hoheitsgebiet erreichen. Die Jugend des Baltikums

---

[4] Juta Keevallik, Widerspiegelung der Idee des Klassizismus in denSchriften über die Bildende Kunst in Estland im 19. Jahrhundert. (Manuskript).

durfte zur Ausbildung daher nicht mehr nach Deutschland reisen und versammelte sich nun in Dorpat. Hierdurch entwickelte sich die Universität zu einem geistigen Zentrum der baltischen Gesinnung. Sie prägte in den Ostseeprovinzen das soziale und politische Leben, die geistige und gesellschaftliche Struktur sowie das Verhältnis zur eigenen Nation. In ihr wuchsen nun die überzeugten Kämpfer für die baltischen Ideale sowohl bei den Deutschen als auch bei den Esten und den Letten, bei jedem auf seine Art. Erst die Russifizierung 1893 mit der Umbenennung von Dorpat in Jurjew brachte ein scheinbares Ende dieser Funktion.

Bis zu diesem Datum kamen fast alle Mitglieder des Lehrkörpers aus Deutschland. Der erste Lehrer der Zeichenschule war Karl August Senff (1770-1838), der seinen Unterricht im Herbst 1803 begann. Er war in Kreypau bei Merseburg als Sohn eines Pfarrers geboren. Eigentlich sollte er Arzt werden, doch dann hatte ihn die Kunstakademie von Leipzig in ihren Bann gezogen. Im Studium hatte ihn sein Schwager Knorre unterstützt, der im Baltikum zu Hause war und ihm auch die Verbindung zur Anstellung an der Universität Dorpat besorgte. Während seiner Ausbildung hatte Senff in Dresden die Gemäldesammlung August des Starken und Johann Joachim Winckelmann persönlich kennen gelernt. Unter Einfluss von Anton Graff hatte er mit der Porträtmalerei begonnen. Er bildete daher seine Schüler, von Morgensterns Vortrag methodisch unterstützt, zeitgleich wie andere Lehrer in Deutschland nach den Idealen Winckelmanns aus und ließ sie die Antike bewundern. Daneben legte er ihnen nach Reynolds' und Winckelmanns Empfehlung Musterblätter, Gemälde und Graphiken vor, die sie wie auch Gipsmodelle kopieren sollten. Ja, ihm wurde sogar ein Etat bewilligt, mit dem er eine kleine Sammlung von Kunstgegenständen zum Zeichenunterricht anlegen konnte. Das war wohl die erste staatliche Kunstsammlung, die es im Baltikum gegeben hat.

Die erste Kunstausstellung in Dorpat, 1835, gab es auch schon zu seiner Zeit, aber die wurde wohl nicht von ihm organisiert, auch wenn er deren Einladung gedruckt hat.[5] Es ist für das baltische Leben vermutlich sehr charakteristisch, dass diese Ausstellung nicht aus dem Grund zustande kam, weil sich das Publikum wie gleichzeitig etwa in Paris, über neue Maler, deren Bilder und überhaupt über neue Kunstrichtungen informieren wollte, sondern weil man Bilder aus mildtätigen Gründen verkaufen wollte, um den, durch eine Mißernte verursacht, notleidenden Bauern zu helfen. Es wäre jedoch interessant festzustellen, wann es die erste Ausstellung gegeben hat, die allein der Darstellung der Malerei und anderer Kunstwerke diente. Vielleicht war dies wirklich schon 1798, als in Reval eine erste Kunstausstellung veranstaltet worden ist.

Wenn an der Zeichenschule von Dorpat auch kein international namhafter Künstler ausgebildet worden ist und dort auch keine in Europa beachteten Maler, wie etwa Gerhard v. Kügelgen, gelehrt haben, so hat sie in den baltischen Ländern doch das allgemeine Interesse an der Bildenden Kunst gefördert und manches Talent angeregt, sich auf dem Gebiet der Malerei zu betätigen. Begabte Schüler gingen von Dorpat aus nach St. Petersburg an die Kunstakademie oder auch nach Deutschland und gar nach Italien. Viele von ihnen kamen gut ausgebildet von dort wieder in die Heimat zurück. Im Wettstreit mit deutschen Künstlern haben sich auch immer mehr Esten und Letten ganz bewusst als Künstler ausgezeichnet und das Spektrum der Kunstszene wesentlich bereichert.

Dies ist die Voraussetzung der verschiedenen Wechselwirkungen, die es im Detail zu untersuchen gilt.

---

[5] Günter Krüger, Die Zeichenschule der Universität Dorpat, 1803-1891. Teil 1. Ausstellungskatalog Lüneburg 1993-1994, S. 14.

DIE ENTWICKLUNG DER PORTRÄTKUNST IN ESTLAND* IM 19. JAHRHUNDERT

Anne Lõugas

Die Porträtkunst ist eine der beliebtesten Kunstgattungen in der Neuzeit. Sie ist auch der dankbarste Gegenstand für die nachkommenden Generationen. Sie lässt in die geistige Welt der Menschen schauen, die vor uns gelebt haben, bringt Haltungen und Wertorientierungen gut zum Ausdruck. Für einen Künstler bedeutet die Porträtmalerei immer die Verbundenheit mit dem Auftraggeber. Es gibt auch viele Selbstbildnisse und Porträts von Familienangehörigen der Künstler, die ohne äußere verbindliche Bedingungen entstanden sind, aber meistens wird ein Porträt doch bestellt. Gerhard Franz von Kügelgen, einer der produktivsten Porträtmaler seiner Zeit, schrieb 1805 in Dresden, als er schon eine Position und ein Vermögen gewonnen hatte: „Bei alledem bin ich nie, nie in meinem Leben glücklicher gewesen als gegenwärtig. Dass ich nicht mehr nötig habe, Porträts zu malen, und sich mein Genius also frei nach allen Seiten ausdehnen darf, ist mir ein zu lang entbehrtes Glück, als dass ich es nicht nach all seinem Werte beachten sollte."[1] (Er hat zum Beispiel in Riga und Reval 1795-99 insgesamt 54 Bildnisse gemalt). Die Bildnisse von G. v. Kügelgen sind für die Kunstgeschichte und für die Kulturgeschichte im Besonderen in der Tat viel wertvoller als seine Historienbilder.

In Estland versteht man im 19. Jahrhundert unter Porträtkunst meistens die deutschbaltische Porträtkunst. Die ersten

---

* Als „Estland" versteht die Autorin das Gebiet der gegenwärtigen Republik Estland, in die auch Teile vom ehemaligen Livland eingegangen sind. Anm. des Herausgebers.

[1] Hans Schöner, Gerhard v. Kügelgen. Kiel 1982, S. 14-15. Siehe: F.Ch.A. Hasse, Das Leben Gerhards von Kügelgen. Leipzig 1924.

Künstler estnischer Nationalität germanisierten sich in der Regel (A. Clara, W. Krüger), und daher kann man die Anfänge der estnischen Porträtkunst erst mit den Namen Ants Laikmaa und Nikolai Triik in Verbindung bringen, die Anfang des 20. Jahrhunderts in der Heimat gewirkt haben.

Im Unterschied zu den deutschbaltischen Künstlern suchten sie sich von der akademischen Kunst zu distanzieren und orientierten sich an modernen Kunstrichtungen. Das Schaffen der ersten akademischen Künstler estnischer Nationalität - Johann Köler, Paul Raud, August Weizenberg, ja Amandus Adamson, die am Ende des 19. Jahrhunderts vorwiegend im Ausland gelebt haben, lässt sich jedoch mit der deutschbaltischen Kunst vergleichen. Die Jahrhundertwende bedeutetet nicht nur die Intensivierung der Aktivität junger estnischer Intelligenz, sondern auch eine große Wandlung in der Kunst in Estland - die akademische Kunst überlässt ihre Positionen den modernen Richtungen: Symbolismus, Impressionismus und bald auch dem Expressionismus. Junge, rebellische, estnische Künstler orientierten sich an diesen modernen Kunstrichtungen.

So können wir sagen, dass die Anfänge der estnischen professionellen Kunst um die Wende vom 19. zum 20. Jahrhundert liegen, wenngleich das ausgefüllte und intensive Kunstleben im 19. Jahrhundert fast ausschließlich als die Kunst von Deutschbalten zu definieren ist. Besonders am Anfang und in der Mitte des 19. Jahrhunderts ist die Porträtkunst in Estland stark verbreitet. Sie hängt vom Bestellerkreis ab, berücksichtigt jedoch am Anfang des 19. Jahrhunderts auch den allgemeinen Geschmack. Damals sind mehrere Freundschaftsbildnisse und Gruppenporträts berühmter Zeitgenossen entstanden.

Vorspiel: Die zweite Hälfte des 18. Jahrhunderts

Das Ende des 18. Jahrhunderts in Estland bot der Porträtkunst des 19. Jahrhunderts ein schönes und in vieler Hinsicht noch geheimnisvolles Vorspiel. Es war die Zeit großer Umwälzungen in Est- und Livland. Die westeuropäischen Aufklärungsideen, die mindestens teilweise durch Katharina II., Selbstherrscherin Russlands, unterstützt wurden, brachten das bisherige Standessystem ins Schwanken. Die 1783 eingeleitete Reform der Statthalterschaftsverfassung sollte den gesamten Staat erneuern, in ihm eine neue Ordnung schaffen und zugleich auch zentralisieren. Die Kaiserin entsandte ihre Gleichgesinnten in die baltischen Provinzen, damit Umstellungen in der Verwaltung durchgeführt wurden, und diese Menschen haben neue geistige Haltungen mitgebracht. Im Bereich der Kunst kann man diese Zeit als provinzielles Rokoko bezeichnen.

In der Kultur von Gutshöfen herrschte damals ein starker Bauboom, und natürlich hat man neue Herrenhäuser mit Gemälden ausgeschmückt. Ahnengalerien gehörten unmittelbar zur Innenausstattung deutschbaltischer Herrenhäuser bzw. des Schlosses in der Stadt. Auf dem Weg in die neue Hauptstadt St. Petersburg oder auch in den Dienst zum kurländischen Herzog machten viele namhafte Künstler in Est- und in Livland Halt, um hier Porträtaufträge zu bekommen. Renommierte Künstler wie J.F.A. Darbes, F.H. Barisien u.a. haben am Ende des 18. Jahrhunderts estländische Gutsbesitzer porträtiert. Leider sind nur sehr wenige dieser Bilder überliefert. Aber Gemälde der Zunftmeister Estlands aus der zweiten Hälfte des 18. Jahrhunderts sind lückenhaft erhalten. Viele Gemälde bedürfen noch einer näheren Untersuchung, weil es oft schwer fällt, nicht signierte Werke mit den Namen der nach Archivangaben bekannten Künstler, „Konterfeimaler", in Verbindung zu bringen. Es gibt zwei klar ausgeprägte Gruppen der Porträtkunst, deren Autoren sich durch Ausbildung und fachliches Können voneinander unterscheiden: die ortsansässigen Meister der Zünfte und die durchreisenden, international bekannten Künstler. Es kann unglaublich klingen, aber formal existierte das Zunftsystem bis 1920.

Friedrich Hartmann Barisien steht an der Grenze dieser zwei Gruppen der Porträtmaler. Er hatte sich einen Namen gemacht, aber sein Schaffen weist starke provinzielle Züge auf. J.F.A. Darbes (1747-1810), jedoch war „einer der gesuchten Portraitmaler seiner Zeit", der Bildnisse im Oval schuf, welche er ziemlich viel in den achtziger Jahren des 18. Jahrhunderts in Estland gemacht hat. Die meisten seiner Werke sind jedoch verschollen. 1784 hat Darbes das Bildnis des Pastors von Pöltsamaa, des ersten estnischen Enzyklopädisten August Wilhelm Hupel, den wir nach dem Kupferstich von Clemens Kohl kennen, gemalt (Abb. 1). Als Kopie von Woldemar Dietrich Budberg (1740-1784) in zwei Repliken ist das Bildnis seines Schwiegervaters Johann Christoph von Campenhausen, gemalt von Darbes 1781, erhalten. Eine Replik befindet sich heute im Estnischen Kunstmuseum, die andere im Museum für Geschichte und Kunst in Wenden/Cēsis. W. D. Budberg, geboren in Reval/Tallinn, war Künstler, Musiker und Mechaniker. Leider kennen wir seine Werke nicht.

Friedrich Hartmann Barisien (1724-1796), der als Dekormaler ins Schloss Pöltsamaa berufen worden war, hat auch mehrere Porträtaufträge ausgeführt, von denen nur das „Bildnis eines unbekannten Mannes" in den estnischen Sammlungen ihm zugeschrieben werden kann. Die Unbeholfenheit der Figuren wird durch einfühlsames Malen der Gesichtspartie wieder ausgeglichen.

Statische Figurenbehandlung, Betonung von Einzelheiten des zeitgenössischen Gewandes, grau gepuderte Perücke, die in jedem Alter getragen wurde, als Symbol des Sieges der Menschlichkeit über Vergänglichkeit, Sensualität und Zärtlichkeit, feines kokettes Lächeln - diese Merkmale haben die Rokokoperiode zu einem der gesuchten und beliebtesten Abschnitte im Porträtgenre gemacht. Die Darstellung eines Menschen in der Rokokozeit galt als seine Adoration, weil die realistische Wiedergabe der Individualität des Menschen nur einen, jedoch nicht den wichtigsten Zug unter vielen Faktoren ausmacht.

Eine neue Sicht der Menschen zeigt das Schaffen von Anton Graff (1736-1813). Richtungsweisend für den Stilübergang vom Rokoko zum Klassizismus ist das Doppelbildnis vom Ehepaar Siewers, Gutsbesizer von Eusekülļ/Oisu. Es ist wahrscheinlich in Leipzig zur Zeit der Messe um 1795 gemalt worden und ist mit der deutsch-baltischen Porträtmalerei eigentlich nur durch die Modelle verbunden.

Durch englischen Einfluss, mit einer neuen offenen Komposition sind diese hervorragenden Werke auf einem weit breiteren Feld als die deutschbaltische Kunst zu bewerten. Trotzdem zählen diese Porträts dank ihrer dargestellten Personen und der Eigentumsverhältnisse zu den Kunstschätzen Estlands.

Zeitalter der Gebrüder Kügelgen

Um die Wende des 18.-19. Jahrhunderts beginnt in Estland das „Zeitalter der Gebrüder Kügelgen". Der ungewöhnlich produktive Porträtist Gerhard Franz von Kügelgen (1772-1820) hat in Estland, obwohl er nur eine kurze Zeit hier verbracht hat, viele Porträts gemalt.

Das Selbstbildnis und ein Pendant - Bildnis des Bruders - aus den letzten Jahren des 18. Jahrhunderts sind ein recht ungewöhnliches Gemäldepaar. Ihre barocke Allongehaartracht ist eigenartig („Wallende Locken gegen die Mode").[2] Später trägt der Porträtierte schon eine kurze Frisur, wie viele seiner Selbstbildnisse zeigen, auch eine Negro-Zeichnung im Estnischem Kunstmuseum. Aber möglicherweise ist sie nicht sein

---

[2] Hans Schöner, Gerhard v. Kügelgen. Kiel 1982, S. 135, Bemerkung 11.

eigenhändiges Werk, sondern eine spätere Kopie, nach einem Stich von Gerd Hasdorf.

Weniger bekannt ist das von Kügelgen in Riga (1796-1797) gemalte Bildnis von Konrad Stoffregen, dem späteren Leibarzt der Gattin des russischen Kaisers Alexander I. Dieses faszinierende Beispiel nach alten Rokoko-Modellen ist zum Glück auch auf der Vorderseite signiert, wie übrigens wenige Werke aus diesem Zeitraum. Möglicherweise wird Kügelgen auch bei einem anderen im Estnischen Kunstmuseum befindlichen Rokokoporträt - beim Bildnis von Carl Bolljahr - den Pinsel geführt haben, aber bisher steht der Beweis noch aus.

In der Dorpater/Tartuer Universität befinden sich heute noch fünf Kügelgen Bildnisse - von Johann Wolfgang v. Goethe (1810 in Dresden nach dem Leben gemalt), Johann Gottfried Herder (1809 post mortem gemalt), Christian Martin Wieland (eine Wiederholung, das Original von 1808/1809), Carl Morgenstern (eine Wiederholung, 1809; das Original in Dessau), und Carl August Büttiger (Autorenreplik 1805). Diese Bildnisse gehören zur Galerie bedeutender Zeitgenossen, die im Zeitalter der Romantik überall in Europa entstanden sind. Das Freundschaftsbildnis von Georg Friedrich Kersting, „Gottessegen" (1811, heute in der Kunsthalle in Karlsruhe) zeigt in einem Atelier an den Wänden Bildnisse bedeutender Zeitgenossen. Das Porträt des ersten Rektors des Universität G.F. Parrot befindet sich bis heute in Russland, im Kunstmuseum Voronesh, wohin schon 1914 viele der Kunstschätze der Universität deportiert worden sind. Diese Kunstschätze gehören ohne Zweifel der Dorpater/Tartuer Universität. Nebenbei gesagt: die Eigentumsfragen wären nicht so wichtig, wenn die Kunstwerke auf zeitgenössischen, auch elektronischen Trägern katalogisiert worden wären.

F. v. Kügelgen hat auch den Dichter August von Kotzebue 1803 in St. Petersburg porträtiert, dessen Bildnis uns durch eine Kopie seines jungen Verwandten Carl Timoleon von Neff erhalten geblieben ist. Obwohl die Porträtmalerei hoch geschätzt wurde, war sie für Kügelgen selbst eine Nebenbeschäftigung. Wie Dr. Dorothee von Hellermann auf einem Seminar in Reval/Tallinn in September dieses Jahres in ihrem Vortrag erklärte, waren die einfigurigen Historienbilder, die sogenannten „gemalten Attitüden" zu seiner Zeit hoch bewertet.

Das Publikum in Dresden war durch populärwissenschaftliche Vorlesungen geschult und vorbereitet, seine allegorischen Bilder zu verstehen. Beim heutigen Publikum hat das Verständnis dafür aufgehört.

Zeichenanstalt in Dorpat - erste Kunstschule in Estland

Die Wiedereröffnung der Universität Dorpat, 1802, war auch für die Entwicklung der Porträtkunst Estlands ein bedeutendes Ereignis. 1803-1891 wirkte an der Universität eine Kunstschule, die Zeichenanstalt genannt wurde. Neben Privatkursen war diese Zeichenanstalt die erste Kunstinstitution in den Ostseeprovinzen.

Carl August Senff, der erste Leiter der Zeichenanstalt, ein akademisch gebildeter und kreativer Mann, wirkte in Dorpat auf verschiedene Weise. Er war ein angesehener Kunstlehrer, außerdem hat er Porträts als Kupferstiche reproduziert, die wiederum das Schaffen anderer Künstler reflektieren. Zum Beispiel ist das Bildnis des Orientalisten Otto Friedrich Richter von C.A. Senff 1822 als Frontispiz für ein Buch gestochen. Wahrscheinlich hat er das Bildnis von Carl Friedrich Vernet (1769-1825) als eine Miniatur gemalt. Wie Rein Loodus untersucht hat, ist C. Vernet derselbe Miniatur- und Bildnismaler, der in Königsberg Emanuel Kant porträtierte und danach in Russland als begehrter Miniaturist gewirkt hat. Er starb in Reval 1825.[3] Meistens waren solche Porträtkupferstiche von C.A.

---

[3] Rein Loodus, Kunstielu Eesti linnades. Tallinn 1993, S. 102.

Senff mit dem einen oder anderen Buch verbunden. Für das Büchlein „Livona" (ein historisch-poetisches Taschenbuch, erschienen 1812 in Reval) ist das kleine Ovalbildnis des oben genannten Woldemar Dietrich Budberg gestochen. Leider ist der Zeichner oder Maler des Bildnisses bisher unbekannt, er muss zu Lebzeiten Budbergs - das heißt vor 1784 - gewirkt haben. Ebenso waren auch andere Bildnisse, die vom Lehrberg, B. de Tolly, nach dem Senff zugesprochenen Gemälde gestochen. C.A. Senff hat selbst auch in Öl gemalt (das Bildnis des Theologieprofessors Ewers), aber sein Element scheint wohl die Linie und nicht die Farbe gewesen zu sein.

Die wichtige Rolle der Universität und der Universitätslehrer wurde auch von ihren Zeitgenossen im bürgerlichen Stand anerkannt. Für sie verkörperten gerade die Gelehrten und nicht mehr die Adeligen die ansehnlichste Elite der Stadt, ihre Ehre und ihren Stolz, die man gern porträtierte, insbesondere in der neuen, billigeren und einfacheren Vervielfältigungstechnik der Lithografie. Da es nicht so sehr auf die Bedeutung der einen oder anderen Person, sondern vor allem auf die Wiedergabe der mit der Universität verbundenen Kreise ankam, entstanden die Porträtreihen. Studenten und Besucher der Stadt haben diese wie auch Stadtansichten zum Andenken gekauft, Freunden geschenkt und gesammelt.

In den Jahren 1826-1849 wurden insgesamt vier lithographische Reihen von verschiedenen Künstlern herausgegeben. Die frühesten Werke, 1826, hat der Revaler J.C.E. v. Ungern-Sternberg (1773-1830) herausgegeben. Es sind vier Blätter in Reval in A. Hellbachs Druckerei erschienen. 1829 folgte eine ebenfalls vier Blatt umfassende Fortsetzung. J.C.E. v. Ungern-Sternberg, der standesgemäßen Ausbildung nach ein Jurist, entwickelte sich zu einem der sensibelsten Porträtisten und Zeichner (auch Landschaftsmaler) im intimen Format. Drei seiner kleinen Aquarellbildnisse der Familienangehörigen v. Wistinghausens sind mit ihrer Frische und detaillierter Genauigkeit besonders bezeichnend für das Zeitalter der Frühromantik. Die romantische Aufregung auf dem Porträt des Mädchens zeigt auch im Kleinformat den Geist der Zeit. Bei A. Hellbach erschien auch ein durch den Dorpater J.A. Klünder (1802-1874) 1827 herausgegebenes 6-blättriges Heft und ihm folgten um 1829 10 Einzelblätter. Beide Autoren haben ihre Reihen auf den 25. Jahrestag (der Wiedereröffnung) der Universität Dorpat (1827) bezogen. J.A. Klünder hat auch den jungen F.R. Faehlmann in einer Bleistiftzeichnung mit besonderem Idealismus und Eifer festgehalten. Faehlmann, der Mitbegründer der estnischen Nationalkultur, war 1826 noch Medizinstudent, aber schon eine hervorragende Persönlichkeit in Dorpat/Tartu. Zum offiziellen Bildnis des früh verstorbenen Faehlmann wurde jedoch ein anderes Bildnis, nämlich das von Eduard Hau, gewählt. Eduard Hau, der zehn Jahre später die Professoren zu verewigen begann, machte es viel großzügiger als seine Vorgänger. Fr.R. Faehlnann porträtierte er als einen anerkannten Schriftsteller und Lektor für estnische Sprache an der Universität, obwohl dieser nie den Titel eines Professors der Universität erhalten hat. Im 1837 lithographierten Blatt folgte 1852 eine andere Version (post mortem Faehlmann). In den Jahren 1837-1838 brachte Hau sechs Hefte mit jeweils fünf Blatt über Professoren der Universität - insgesamt 30 Porträts heraus. Die Werkstatt G.Fr. Schlaters in Dorpat hat alle seine Werke lithographiert.

Der produktive und vielseitige Dorpater Künstler G. Fr. Schlater (1804-1870) hat die letzte Porträtreihe von Professoren in der Mitte des Jahrhunderts (1849) anlässlich des bevorstehenden 50. Jahrestages der Wiedereröffnung der Universität herausgebracht. Leider sind von der geplanten 15-teiligen Reihe nur die ersten fünf Blätter erschienen,[4] aber an künstleri-

---

[4] Anu Allikvee, Portreesarjad Tartu Ülikooli professoritest. 1999, Käsikiri.

schem Wert haben sie nichts eingebüßt. Im Gegenteil, diese sind die ausdrucksvollsten aller Professoren-Serien.

Von der Romantik zum Realismus

Da monumentale Arbeiten und große Aufträge kaum nach Estland vergeben wurden, umso mehr verbreiteten sich die intimsten Formen - Zeichnungen, Pastelle, Aquarelle, Miniaturen - im Schaffen berufsmäßiger Künstler. Das Miniaturporträt war das Lieblingsgenre der Romantik. Auf Kleingemälden, die oft als Andenken bei sich getragen wurden, um die geistige Verbindung zu unterstreichen, wurden auch landschaftliches oder städtisches Ambiente, vor allem aber nahe stehende Personen dargestellt. Einer der Vertreter hiesiger Miniaturmalerei war der Revaler Goldschmied A.G. Rauert (1762-1819). Schwarzgoldene Medaillons mit Silhouettenporträts repräsentieren noch in ihrer kleinsten Formen den Feierlichkeit und Strenge erstrebenden Klassizismus, genauer gesagt dessen Höhepunkt - das Empire.

Zu Beginn des 19. Jahrhunderts verbreitete sich weitgehend der Scherenschnitt als eine Sonderform der Schattenrisskunst. Einer der produktivsten Silhouettenschneider war der Arzt J.E. von Panck (1805-1891). Er hat auch eine Reihe der Silhouetten von Universitätslehrern herausgegeben.[5] Der Scherenschnitt stand in der deutschbaltischen Kunst noch im 20. Jahrhundert in voller Blüte (E. v. Maydell, C. v. Wetter-Rosenthal).

Diese Gruppe der Künstler, die in ihrer Jugend mit deutschen Nazarenern in Rom in Berührung kamen - A.W.G. Pezold, G.A. Hippius, F.L. v. Maydell -, hat zur deutschbaltischen Porträtkunst Estlands einen beachtlichen Beitrag geleistet. Aus Romantikern entwickelten sich überzeugte Frührealis-

---

[5] Johann von Panck, Silhouetten Dorpater Hochschullehrer: Vierundzwanzig Bildnisse ... . Hrsg. von Walther Treumann. Dorpat 1932.

ten. Lebendige und frische „Freundschaftsbildnisse", die A. Pezold auf seiner Ausbildungsreise nach Westeuropa dutzendweise anfertigte, veranschaulichen die estländische Variante der Zeichnungskunst in der Art deutscher Nazarener (Abb. 2 und 3). A. Pezold hat 1833 auch Dr. Faehlmann porträtiert, aber das Bildnis ist verschollen, und zwar aus dem Dommuseum Rigas während der Umsiedlung. Das Leben von G. Hippius war für lange Zeit mit St. Petersburg verbunden. Er konnte den im Umkreis von Fr. Overbeck entwickelten Stil mit der russischen Schule vereinen. Das Schaffen von Hippius, der seine letzten Lebensjahre in Reval/Tallinn verbrachte, ist ein hervorragendes Beispiel des Spätbiedermeier. Typenvielfalt und warme, schlichte Lebendigkeit, die aus der deutschen Malerei nach der Revolution 1848 verschwanden, sind in zahlreichen Bildnissen von Hippius zu sehen. Noch stilreifer sind die Bildnisse seines Lehrers C.S. Walther. Ein Vorspiel zum Biedermeier ist das bedeutungsvolle „Familienbildnis Pastor Ignatius" (1813). Zwei Mädchenbildnisse (1838) sind charakteristische Beispiele für häusliches, idyllisches Biedermeier, welche in Estland starke Wurzeln hat.

Der intensive und vielseitige Künstler Fr.L. von Maydell (1795-1846) hatte zur deutsch-italienischen Romantik - und namentlich durch die Freundschaft mit Adrian Ludwig Richter - etwas spätere, aber desto engere Beziehungen. Sein Selbstbildnis und das Bildnis seines Sohnes Gerhard sind voll von purem Idealismus, in intimem Format, aber mit starker Ausstrahlung. Von v. Maydell stammt auch die Marmorbüste des Rektors der Universität Ph.G. von Ewers. Diese exakt naturgetreue Büste bildet eine Ausnahme in der deutschbaltischen Porträtkunst. Die Bildhauerei war in der ersten Hälfte des 19. Jahrhunderts in Estland noch nicht entwickelt, in der zweiten Hälfte des Jahrhunderts können wir jedoch als den ersten estnischen Bildhauer A. Weizenberg erwähnen.

Die Bildnismalerei reflektiert unmittelbar die gängigen Wertschätzungen und Hierarchien der Gesellschaft. Die Tradition der Adelsgeschlechter, ihre Bildnisse malen zu lassen, setzte sich im 19. Jahrhundert fort, war jedoch nicht mehr vorherrschend. Im Rückblick kommt den Bildnissen jener deutschbaltischen Forscher und Dichter, deren Lebenswerk mit der Erforschung der estnischen Sprache und Ethnologie zusammenhing (F.J. Wiedemann), heute eine extrem wichtige Rolle zu. Die heimischen Frührealisten Woldemar Hau, A.W.G. Pezold, G.A. Hippius u.a. haben deren Bildnisse als Nachweis für das rege Geistesleben in Estland festgehalten.

Neben Miniaturen und Zeichnungen wurde auch das salonmäßigere Aquarell und Guaschbildnis als schnell wiederzugebendes intimes Porträt gepflegt. Seine Hauptvertreter waren die Akademiemitglieder C.T. v. Neff (1804-1876) und Woldemar Hau (1816-1895). W. Hau soll alle herausragenden Persönlichkeiten von St. Petersburg dargestellt und insgesamt 1.000 Bildnisse gemalt haben.[6] In den Sammlungen des Estnischen Kunstmuseums sind die Bildnisse seiner Familienangehörigen vorhanden.

Der Begriff „Salonmalerei" zeichnet eine idealisierte, oberflächliche Darstellungsweise mit hohem technischen Niveau aus. Einer der prominentesten Vertreter dieser Kunstart ist Carl Timoleon von Neff (1804-1876), der in St. Petersburg und vielerorts in Westeuropa gearbeitet hat. Sein Hauptwerk liegt in der Monumentalkunst für orthodoxe Kirchen, aber er hat auch zahlreiche weibliche Bildnisse sowohl in Öl als auch in Aquarell gemalt. Von denen hebt sich das „Bildnis der Gemahlin" als Tondo durch seine Größe und ausdrucksvollen Musik- und Literaturattribute ab. Das Porträtschaffen Neffs gehört neben der Erfindung der Photographie zu einer neuen Stilrichtung der Malerei, nämlich zum Historismus (Abb. 4). Seine engelhaften Damenbildnisse ahmen stilisierend die italienischen Re-

---

[6] Helena Risthein.

naissance, besonders Raffaell, nach. Auch Oskar Hoffmann eiferte in seiner Porträtmalerei wissentlich dem niederländischen Barock nach und verdiente sogar den Spitznamen „estländischer Rembrandt".

Akademische Malerinnen

In der zweiten Hälfte des 19. Jahrhunderts bildete sich in Estland eine Gruppe von akademisch geschulten Malerinnen. In erster Linie hatten sie an der Kunstakademie in Düsseldorf, aber auch in Dresden, München oder St. Petersburg studiert. Interessant ist es, dass die ersten weiblichen Malerinnen in Estland auftauchten.

Julie Hagen-Schwarz (1824-1902) pflegte engen Kontakt zum akademischen geistigen Leben in Dorpat, sie konnte sich auf ihren Vater, als ihren ersten Ausbilder, stützen. J. Hagen-Schwarz gab in ihrer genauen, kraftvollen zur Romantik neigenden Malweise eine gesamte kulturhistorische Galerie von Persönlichkeiten Dorpats aus der zweiten Hälfte des 19. Jahrhunderts. Hierzu zählen besonders die Bildnisse ihres Ehemannes, des Astronomieprofessors der Universität Ludwig Schwarz (Abb. 5) und des Germanisten Leo Meyer. Ihre Schülerin Sally von Kügelgen (1860-1928), begab sich später nach Rom. Ihre Bildniskunst ist reine Salonmalerei, obwohl sie dank breitgestreuter Interessen mit Kopien von Werken anderer Maler viel Wertvolles für ihre Heimat hinterlassen hat.

Die Revaler Künstlerin Lydia Ruckteschell (1858-1936), die ihre Ausbildung in Dresden und Berlin bekommen hat, entpuppt sich als eine überraschend interessante Malerin. Ihre malerisch fesselnden Bildnisse haben einen Anflug vom Symbolismus, und ihre Handschrift zeigt die Vorahnung des Jugendstils. Eigentümlich für die Zeit ist es, dass die Personen geschlossene oder abgedrehte Posen einnehmen und keinen Blickkontakt mit dem Betrachter haben. Auch Elisabeth Rudolff (1860-1945) soll dank ihrer Sensibilität eine begehrte Porträtistin in Walk/Valga und Dorpat/Tartu gewesen sein.

Die Verbreitung der Fotografie verdrängte die Aufmerksamkeit des Publikums gegenüber der Bildnismalerei. Der Zeitgeist schenkte seine Gunst nicht mehr der einfachen realistischen Porträtmalerei. Außerdem haben sich Maler bei der Bildnismalerei des Fotos bedient. Man hat von einer Doppelmoral des Zeitalters gesprochen, die den Widerspruch der sogenannten leblosen Technologie - Foto - und der freien kreativen Kunst zu leugnen suchte. Die Nutzung des Fotos beim Malen setzte sich im späten 19. Jahrhunderts allgemein durch. Aber auch die Fotografie übernahm Funktionen der Bildnismalerei und entfaltete dadurch einen pittoresken Stil.

Die Porträtkunst Estlands machte im 19. Jahrhundert eben einen schnellen und vielfältigen Entwicklungsgang durch.

Abb. 1 August Wilhelm Hupel, gemalt von J.A. Darbes, in Kupfer gestochen von C. Kohl, 1784

Abb. 2   A.W.G. Pezold
Damenbildnis
1824, Bleistift

Abb. 3 A.W.G. Pezold
Bildnis von Auguste Juliane von Glehn
1824, Bleistift

Abb. 4   C.T. von Neff
Damenbildnis
1860, Aquarell

Abb. 5 Julie Hagen-Schwarz
Bildnis des Ehemannes der Künstlerin, Prof. Ludwig Schwarz
Öl auf Leinwand

DAS ZEICHNERISCHE WERK VON JOHANN WILHELM KRAUSE (1756-1828) IM KONTEXT DER LIVLÄNDISCHEN KULTUR UND INTERNATIONALEN KUNSTRICHTUNGEN

Kadi Polli

Der Publizist und Pfarrer Heinrich Johann Jannau (1753-1821), der in seinem Buch „Sitten und Zeit" vom Jahr 1781 die Situation der Bildung, Wissenschaften und Künste in Livland am Ende des 18. Jahrhunderts bissig erläutert, schreibt über die bildenden Künste:

„Mahlerey ist bey uns vielleicht noch in der größten Kindheit. Einzelne gefühlvolle Kenner gibt es zerstreut in der Stadt und auf dem Lande. Manche recht artige Galerie findet sich in Riga, und einige sehr wenige Samlungen vertheilen sich wie die raresten Medaillen unter dem Adel. Gewöhnlich aber vertreten bey uns die Stelle der Mahlerey, verzerte englische Gruppen, so häßlich wie die Nacht, so ungeschikt wie die Zeichnung des Töpfers. /... / oder noch ärger ist es, wenn die elendesten Kupferstiche von den italienischen Bilderkrämern unsere Stuben zieren, wo nicht gar, was noch lächerlicher ist, Landcharten unsere Wände bekläkern"[1]

Diese Überzeugung, dass die Aufklärung in Livland im Bereich der bildenden Kunst nichts besonders Wertvolles hervorgebracht hat, ist bis heute weit verbreitet. Die Periode der Aufklärung in Livland ist bisher mehr unter dem Gesichtspunkt der literarischen Tätigkeit behandelt worden. Mit der Betrachtung der Kunstprobleme fängt man meistens ab 1802 an, als an der neu eröffneten Universität Dorpat/Tartu die Studien der

---

[1] Heinrich Johann Jannau, Sitten und Zeit. Riga 1781, S. 64-65.

Kunstgeschichte und Ästhetik begannen. Der vorliegende Vortrag versucht das Kunstschaffen in Livland seit Ende des 18. Jahrhunderts vorzustellen und manche typische Kennzeichen der Kunst der Aufklärung hervorzuheben. Eine Gelegenheit dafür bieten die mehr als 600 Zeichnungen von Johann Wilhelm Krause (1757-1828), dem Architekten der Dorpater/Tartuer Universität.

Wenn man von Krauses Schaffen ausgeht, so waren die letzten Jahrzehnte des 18. Jahrhunderts keine bedeutungslose Periode der livländischer Kunstgeschichte. Der Entwurf des Universitätsensembles von J. W. Krause, entworfen am Anfang des 19. Jahrhunderts (die Anatomie 1805; das Hauptgebäude 1809; die Bibliothek in den Ruinen der Domkirche 1806, die Sternwarte 1810 und der sie umgebende Park), ging mehrere Jahrzehnte lang eine Periode der Entwicklung der Kunsttheorie von Krause und von ganz Livland voraus. Das Hauptgebäude der Universität, ein wichtiges Beispiel des Klassizismus in den Ostseeprovinzen, war eine Zusammenfassung von den Prozessen, die Kunsthistoriker Wilhelm Neumann treffend als „Frühling der baltischen Kunst" bezeichnet hat.[2] Ein schönes Beispiel für diese Entwicklung am Ende des 18. Jahrhunderts ist neben dem Ensemble der Universität in Dorpat/Tartu auch der blühende Bau von Herrenhäusern.[3] Der Hintergrund des hohen Niveaus der Architektur und des Stilbewusstseins war die Aufklärung im Baltikum, die mit Gottfried Herder begann und sich in der Tätigkeit livländischer Aufklärer wie von August Wilhelm Hupel, Wilhelm Christian Friebe, Johann Christoph Brotze, Garlieb Merkel usw. sowie im Werk der ersten hiesigen Künstler wie von Johann Wilhelm Krause und von Karl Grass weiterentwickelte.

---

[2] Wilhelm Neumann, Baltische Kunstzustände 1775 bis 1825, in: Baltische Monatsschrift, Bd. 53, 1902, S. 281.

[3] Juhan Maiste, Eestimaa moisad. Tallinn 1961, S. 150. ff.

Johann Wilhelm Krause stammt aus Schlesien und hat in Leipzig Theologie studiert. Seit 1784 wirkte er als Hauslehrer in Livland, 1803 wurde er Architekt der Dorpater/Tartuer Universität und Professor für Zivilbaukunst, Ökonomie und Technologie. Neben den Architekturentwürfen hat er zwischen den 1780er und 1820er Jahren in Livland auch annähernd 700 Zeichnungen geschaffen, von denen die meisten in der Bibliothek der Universität Dorpat/Tartu aufbewahrt werden. Den größten Teil des Originalwerks bilden die Veduten aus verschiedenen livländischen Gegenden sowie aus der Schweiz. Dominant sind unter seinen Zeichnungen die Nachahmungen der Druckgraphik zeitgenössischer Künstler: Ansichten aus der Schweiz und aus Deutschland, Abbildungen von den Geschichtsbüchern und den großartigen Reisebeschreibungen von L.F. Cassas, J.P. Houel, D.V. Denon u.a.

Das künstlerische Niveau der Zeichnungen ist einzeln betrachtet nicht besonders hoch, zusammen bilden sie aber ein höchst reiches und vielseitiges Ganzes. Als Architekt war Krause primär vom klassischen Ideal begeistert, hingegen als Zeichner lässt er sich nicht einfach einordnen; das Extreme vermeidend und die Konzeptionen vereinfachend, bewegt er sich zwischen der Vernunftsmäßigkeit von J.J. Winckelmann und der Emotionalität von Fr. Schiller. Seite an Seite stehen in seinen Zeichnungen die Formensprachen von Rokoko und Klassizismus, die in der Kunstgeschichte eigentlich lange als einander entgegengesetzte Stiltendenzen behandelt werden.[4]

Wie Carl Friedrich Schinkel oder Friedrich Gilly - wenn man große deutsche Beispiele bringt - interessierte auch Krause sich gleichzeitig sowohl für die Nachahmung der Antike als auch für die romantischen Ruinen.[5] Seine Motive waren die

---

[4] Maraike Bückling, Europa um 1770. Die bildende Kunst der Aufklärung, in: Ausst.-Kat. Mehr Licht, Frankfurt a.M. 1999, S. 9.

[5] Rudolf Zeitler, Klassizismus und Utopia, in: Studies edited by the Institute of Art History University of Uppsala. Uppsala 1954, S. 186.

livländische Natur, Gutshöfe, Gebirgslandschaften, Architektur von Rom bis Kleinasien, Monumente und Allegorien der Antike, deutsche Ritterburgen .... In seinen Zeichnungen widerspiegeln sich beinahe alle charakteristischen Strömungen und Modeerscheinungen seiner Zeit. Mit seiner stilistischen Vielfalt, seinem Reichtum an Motiven und seinem thematischen Umfang zeugt Krauses zeichnerisches Werk von der intellektuellen Gemeinsamkeit der livländischen Geisteselite mit der europäischen Aufklärung auch im Bereich der bildenden Kunst.

Thypische Themen der zeitgenössischen Bildenden Kunst und der Literatur wiederholen sich in Werken von J.W. Krause.

Die Empfindsamkeit

In den 1770er Jahren hatte die Literatur erfahren, dass der sentimentale Stil vom Publikum mitfühlend aufgenommen wird. Die Fähigkeit zu weinen galt als Zeichen der Empfindsamkeit, die Bücher suggerierten das Mitgefühl und riefen die Tränen der Sympathie hervor. Die Elegie, das Tagebuch, die Briefe, sentimentale Reise- und Naturbeschreibungen wurden modern. Es war die Zeit des exaltierten Naturgefühls und der vertrauten Freundschaft.

Eine sentimentale, moralisierende Idee drückt sich in vielen Zeichnungen von Krause aus. Charakteristisch sind die Mahnwörter „Erinnere Dich!", die wie mit der Hand Gottes auf die Felswand geschrieben sind; Zeichnungen von Erinnerungstafeln und Denkmälern tragen erhabene Sprüche über Freundschaft und Grabpoesie.

Idylle

Das sentimentale Naturgefühl, das sich in sog. Idyllen zeigte, ist vor allem mit dem Werk des Schweizer Dichters und Künstlers Salomon Gessner[6] (1730-1788) verbunden. 1756-1772 erschienen seine berühmten Gedichtbücher „Idyllen", die Krause gut kannte. Im Jahre 1785 hat er die Gedichte mit seinem ersten in Livland verdientem Geld gekauft.[7] In stillen Idyllen von Gessners Gedichten und Landschaftsstichen herrschten Werte wie: „der Sinn", „die Empfindung", „die edle Denkart ...". „die Stille", „unberührte Natur", „das Hirtenleben", „das goldene Zeitalter" vor, was zu Krauses sensibler Hauslehrer-Seele passt. „Gessnerisch Klopstockische Welt", sagte Krause im Jahre 1787 über sein Weltbild.[8] Die idyllischen Stimmungen von Gessners Landschaften, seine Motive und Andeutungen kommen bei vielen der besten Werke Krauses vor. Die gefühlvollen, mit der Erhabenheit der Natur und ihrer kosmischen Größe erfüllten „Oden" von F.G. Klopstock gehörten zu den Lieblingswerken des Künstlers.

---

[6] In der Universitätsbibliothek in Tartu gibt es etwa 60 Graphiken von Salomon Gessner.
[7] Johann Wilhelm Krause, Bilder aus Altlivland. Aus den Aufzeichnungen eines livländischen Hofmeisters vom Ende des vorigen Jahrhundert, in: Baltische Monatsschrift, Bd. 51, 1901, S. 124. (weiter Krause: Bilder, in: B.M.). Krause zählt die Autoren der Bücher, die er in J.F. Hartknochs Bücherei in Riga diesmal gekauft hat: Horaz, Vergil, Sueton, E.v. Kleist, S. Gessner, F.G. Klopstocks „Oden".
[8] Krause: Bilder, in: B.M., Bd. 51, 1901, S. 204.

Das Pittoreske/Englischer Park

Die gleichen Vorbilder - Anthonie Waterloo, Claude Lorrain, Nicolas Poussin - und gleichen Ideale wie S. Gessner, hatten auch die englischen Parkarchitekten im 18. Jahrhundert. Die mit eleganter „Zufälligkeit" komponierte englische Parklandschaft, *Garden of Sensibility,* bietet eine Möglichkeit für melancholische Spaziergänge, mit seinen schattigen Bäumen, den vom Laub versteckten Skulpturen, einsamen Säulen oder Urnen mit sentimentaler Inschrift.

In den 1770er Jahren, in der Gymnasialzeit in Zittau hat J.W. Krause den dortigen Gartenkünstler Anton Balzer kennen gelernt und war von da ab an diesem Thema interessiert.[9] Seit dem Jahr 1788 hat er Gravuren aus den ersten Bänden des Werks von C.C.L. Hirschfeld „Theorie der Gartenkunst"[10] wiederholt kopiert, sich in die Geheimnisse eines pittoresken Vergleiches der Ebenen und Hügel, der Rasenflächen und Baumgruppen, der Laub- und Nadelbäume vertieft. In Hirschfelds Werk ist auch eine Abbildung des Grabmals Jean-Jacques Rousseaus auf der Pappelinsel im Park von Ermenonville zu finden - eines Kultortes des 18. Jahrhunderts, den Krause natürlich auch nachgezeichnet hat (Abb. 1).

Aus dem Frühling 1800 stammt die Zeichnung „Antikskulptur im Park", die perfekt den Idealen der englischen Parklandschaft entspricht. Genau eine solche Umgebung stand im Sinne Hirschfelds, „die glücklichste Szenen der Natur als den Zufluchtsort der Philosophie" zu erwarten.[11] Die Natur, die Architektur und die Kunst bilden dort eine vollendete Einheit - gemäß der von Krause vorher beherzigten Theorie.

---

[9] Johann Wilhelm Krause, Wilhelms Erinnerungen, Bd. III, S. 79, Handschrift in der Bibliothek der Universität Tartu.

[10] Hirschfeld, Christian Cajus Lorenz. Theotrie der Gartenkunst, Bd. I-V, Leipzig 1779-1785.

[11] Hirschfeld, Bd. 1, 1779, S. 154.

Die wilde Natur

Die für die Aufklärung charakteristische Liebe zur Heimat, zu ihrer Geschichte und Natur zeigen in den livländischen Ansichten Krauses seine Sehnsucht nach Gebirgspanoramen. Einerseits konnte es das Riesengebirge in Krauses niederschlesischen Geburtsgegend sein, das die prächtigen Wasserfälle und Gebirge zu beliebten Motiven machte, andererseits aber war der Hang zu Gebirgslandschaften und überhaupt zu wilder und freier Natur im Sinne Rousseaus in dieser Zeit natürlich populär. So zeichnete Krause außer den Gutshofensembles in Livland gerne das Tal des Aa/Gauja-Flusses (Abb. 2) - die bergige Gegend von Treyden/Turaida (Abb. 3), Wenden/Sigulda und Kremon/Krimulda, die er „livländische Tessalia" genannt hat[12] und die schon im 19. Jahrhundert als „livländische Schweiz" bekannt wird.

Die Freundschaft

Im Jahre 1792 lernte Krause in Riga den jungen livländischen Dichter und Künstler Karl Grass (1767-1814 in Rom) kennen. Die enge Freundschaft mit diesem hochbegabten, vielgereisten Künstler und sein Schaffen haben für Krause eine wichtige Rolle gespielt. Durch Grass lernte er auch die Werke vieler Schweizer Maler im Original kennen, und noch vor seiner Schweizer Reise von 1796 zeichnete er nach Vorbildern von M. Pfenninger und L. Hess. So entstanden laut Grass einige der gelungensten Werke Krauses mit Schweizer Panoramen und gewaltigen Wasserfällen.

---

[12] Krause, Bilder, in: B.M., Bd. 52, 1901, S. 5.

Die Schweiz

Die Idee vom ursprünglichen Leben in der Natur hat die Liebe zu den Hirten und Bauern gefördert (Abb. 4). Die Schweiz hatte sich zur letzten Bastion der „Edlen Wildheit" in der zivilisierten Welt entwickelt, die dortigen Gebirgsbewohner und Bauern hatten sich zu Trägern der naturverbundenen Freiheit gewandelt, wie sie Rousseau in seinen Traktaten beschrieb. Seit den 1770er Jahren war die Schweiz schon ein kanonisches Reiseziel, die Touristen bewunderten die rauhe und kontrastvolle Natur der Alpenwelt.[13] Krause erreichte die Schweiz im Herbst 1796. Zusammen mit Karl Grass kam er zum Walensee, wanderte durch Wallenstadt, Glarus, Mollis und Zürich.

Das Erhabene

Um den Hintergrund der Sehnsucht nach wilden Landschaften zu verstehen, sollte man kurz die damit verbundene und im 18. Jahrhundert viel diskutierte ästhetische Kategorie - Sublime oder das Erhabene - erläutern.

Seit dem wichtigen Werk von Edmund Burke „Philosophical inquiry into the origin of our ideas of the sublime and beautiful" aus dem Jahr 1756 wurden die Begriffe „das Erhabene" und „das Schöne" unterschiedlich definiert. Wenn die Schönheit als freudige Vergnügung gesehen wird, so ist das Erhabene mit aufregender Wirkung von Gefahr und Schrecken verbunden, die der Betrachter durch die Kunst selbst in voller Sicherheit empfinden kann.[14] In der Kunst hat man das Erhabene

---

[13] Zu der Entdeckung und Bedeutung der Alpen: G: Robel, Reisen und Kulturbeziehungen im Zeitalter der Aufklärung, in: Studien zur Geschichte der Kulturbeziehungen im Mittel- und Osteuropa, VI, Berlin 1982, S. 18-19.
[14] Frank Büttner, Der Betrachter im Schein des Bildes. Positionen der Wirkungsästhetik im 18. Jahrhundert, in: Ausst.-Kat. Mehr Licht, Frankfurt a.M. 1999, S. 344.

durch Darstellungen der großzügigen Naturphänomene zu vermitteln versucht: Gebirge, besonders die Alpen, die Grenzenlosigkeit, der See, der nächtliche Himmel, Wasserfälle, der Sturm. Die Wanderungen in den Alpen werden von gegensätzlichen Empfindungen bestimmt. Daneben sind in Krauses Reisebeschreibung aus der Schweiz auch viele negative Adjektive zu finden - schrecklich, ungezügelt, wilde, verwüstend usw. - alles nur, um die Großartigkeit der Umgebung auszudrücken.[15]

Mit dem Erhabenen war auch das Todesthema verbunden, wobei die Grabsymbolik und -poesie an die Begegnung des Sublimen im Sterben erinnern. Es gibt mehrere Zeichnungen von Krause, die durch entsprechende Allegorien das Erhabene veranschaulichen. In einer Zeichnung sieht man Bäume im Strom, ein schiefes Kreuz, ein zerbrochenes Grabmal, einen Obelisk und eine Frauenfigur in wehender Kleidung, die in tiefer Emotion die Hände himmelwärts steckt.

Ruinen

Unter den zahlreichen und geographisch weit verstreuten Veduten Krauses hebt sich ein Thema hervor, das sich unmittelbar mit dem verstärkenden Romantismus zu Beginn des 19. Jahrhunderts verbindet - die Darstellungen mittelalterlicher Bauwerke. Krause war einer der ersten in Livland, der sich für die Gotik interessierte. Er war der Architekt des viel beachteten Umbaus der Ruine des Doms[16] zu Dorpat/Tartu in den Jahren 1803-1806. 1817 wurde nach seinen Zeichnungen in der Domkirche von Riga ein gotisierender Altar mit Wimpergen und Fialen errichtet. Dadurch entsteht ein ernsterer Hintergrund für die Betrachtung seiner mit der Gotik und dem Mittelalter verbundenen Zeichnungen.

---

[15] Krause, Erinnerungen (wie Anm. 21). Bd. X, 1815-1827, S. 47.
[16] Alttoa, Kaur, J.W. Krause ja ülikooli raamatukogu, in „Kunst", Tallinn 1984, Nr. 1, S. 62.

Es gibt auch eine Reihe von Ansichten deutscher Burgen, kopiert nach dem 10-bändigen Werk Friedrich Gottschalcks „Die Ritterburgen und Bergschlösser Deutschlands".[17] Krause hat die kleinen Kupferstiche gut interpretiert, seine zarten und skizzenhaften Sepiazeichnungen treffen den stimmungsvollen Textteil des Buches, wo die Architekturbeschreibungen und historische Geschichten mit Legenden, Spukgeschichten und persönlichen Eindrücken von Fr. Gottschalck während der Wanderung durch diese Gegenden belebt wurden. Manche Zeichnungen Krauses bekamen daher auch erklärende Anmerkungen.

Eine der schönsten Zeichnungen nach Gottschalck ist vielleicht die Ansicht der Burg Wildenfels bei Nürnberg. Die ganze Stimmung der Zeichnung verweist auf die unvermeidliche Vergänglichkeit der Zeit - der alte Hirte erinnert an die vorgehende Jugend, die Ruine an ihre ehemalige Blütezeit und einst mächtigen Familien. An den Rand der Zeichnung hat Krause dann den Namen des ehemaligen Burgbesitzers Hans von Wildenstein und die Stichwörter seiner lehrreichen und moralisierenden Lebensgeschichte geschrieben.

Unter seinen Werken finden sich auch zahlreiche Ansichten mittelalterlicher deutscher Burgen, Kirchenruinen, spitzbogige Kathedralenfenster, neugotische Ornamente als Umrahmungen und Darstellungen von Szenen aus dem Ritterleben usw. Als ein Professor und Architekt der Universität Dorpat/Tartu zeigt sich bei ihm die Emotionalität der Romantik in seiner künstlerischen Handschrift nur noch sehr flüchtig. Auch die poesievollen, mittelalterlichen Motive beschrieb er Anfang des 19. Jahrhundert ausgewogen und detailgetreu. Als Vorbilder dazu dienten meistens die Werke des Dresdener Kupfer-

---

[17] Gottschalck, Friedrich, Die Ritterburgen und Bergschlösser Deutschlands. Bd. I-X. Halle 1810-1835.

stichkabinetts, vor allem die Arbeiten von Adrian Zingg und dessen Schüler Carl August Richter.

Voyage pittoresque

Die Berufung auf den Posten des Architekten der Dorpater/Tartuer Universität zwang Krause, das Zeichnen für sechs Jahre zu vernachlässigen, um danach mit einer neuen Grundhaltung dazu zurückzukehren: Weniger Emotionalität und mehr Information zum konkreten Objekt. Die Architektur gewann nun auf den Zeichnungen deutlich mehr an Gewicht, was auch auf die beschreibenden und kommentierenden Begleittexte zutrifft. Diese Züge sind den meisten von Krauses Zeichnungen der 1820er Jahre eigen, besonders die nahezu 300 Veduten von fernen Ländern nach den beliebten Reisebeschreibungen der Aufklärung.

Voyage pittoresque - malerisches/bildliches Reisen - ist der Anfangstext vieler Titel imposanter Reisebeschreibungen, deren Abbildungen Krause nachgeahmt hat. Es ist ein Stichwort, welches den Charakter der Reisetradition der Aufklärungszeit widerspiegelt - den Willen, Neues durch die persönliche Erfahrung zu entdecken und zu erforschen. Mit dem persönlichen Interesse ist aber auch der Anspruch der Popularität verbunden, die Fähigkeit, eigene Eindrücke auch dem breiten Publikum interessant und bildend zu vermitteln.[18]

Für Krause bedeutete voyage pittoresque die Wanderung durch verschiedene Zeitalter und Areale mit Hilfe des in Dorpat/Tartu verfügbaren bildlichen Materials. Das Reisebedürfnis Krauses erwies sich umfangreicher als seine Möglichkeiten, also musste er in seiner Phantasien oder entsprechend den Darstellungen anderer Künstler und Schriftsteller wandern. Dem Kopieren widmete er sich vor allem im späteren Alter, als es

---

[18] Mariann Raisma, Voyages Pittoresques. In: Johann Wilhelm Krause, kunstnikust arhitektiks. Kataloog 1, Tallinn 1999, S. 113-146.

sicher war, dass zu den Reisen in jungen Jahren in Deutschland, Holland, Amerika sowie während der Livlandsperiode nach St. Petersburg und in die Schweiz kaum noch weitere hinzukommen würden.

In den Zeichnungen der voyage pitttoresque des Architekturprofessors der Dorpater/Tartuer Universität werden vor allem die großen alten Kulturen vorgestellt. Die zu diesen Themen geschaffenen Werke Krauses sind Serien, in denen die Interessengebiete verschiedener Künstler sichtbar werden.

Die Architektur und Natur Siziliens hat Krause nach einem vierbändigen Reisebrief „Voyage pittoresque de Sicile, de Malte et de Lipari" des französischen Graveurs und Malers Jean Pierre Houel kopiert,[19] die Regionen Kleinasiens, des Nahen Ostens und Dalmatiens nach Illustrationen in den Reisebriefen „Voyage pittoresque et historique de la Listrie et de la Dalmatie" des Landschafts- und Architekturmalers Louis Francois Cassas[20] (Abb. 5) sowie des Schülers von David, Hauptschatzmeisters der Kollektionen des Louvre, Versailles und Louxembourge der Grafen Louis Nicolas Forbin „Voyage dans le Levant en 1817-1818" gezeichnet.[21] Als Vorbild für die Zeichnungen über Ägypten diente hauptsächlich das Werk „Voyage dans la hause et basse Egypte pedant les campagnes du general Bonaparte" (1802) des berühmten französischen Kunstsammlers, Künstlers und Reisegefährten Napoleons Dominique Vivant Denon[22] (Abb. 6).

Bei der Nachahmung ist Krause mit verschiedenen graphischen Techniken und künstlerischen Handschriften seiner Vor-

---

[19] Jean Pierre Houel, Voyage pittoresque de Sicile, de Malte et de Lipari. Bd. 1. IV, Paris 1782-1787.
[20] Louis Francois Cassas, Voyage pittoresque et historique de la Listrie et de la Dalmatie. Paris 1802.
[21] Louis Nicolas, Graf Forbin, Voyage dans le Levant en 1817-1818. Paris 1819.
[22] Dominique Vivant Denon, Voyage dans la haute et basse Egypte pedant les campagnes du général Bonaparte. Paris 1802.

bilder in Berührung gekommen. Der schlichten Architektur Siziliens im Houelns Reisebrief werden die Exaktheit und der Bilderreichtum Asiens in den Illustrationen L.F. Cassas gegenübergestellt. Die als Lithographie ausgeführten Erinnerungsbilder aus Palästina, Judäa, Syrien und Nordägypten in Forbins Werk setzen nicht so viel auf Wissenschaftlichkeit, vielmehr auf das Einfangen der Stimmung: Er interessierte sich vor allem für die Verschmelzung der alten Antike, (Ägypten) und der neuen (islamischen) Kultur.

Rezeption der Antike

Die Rezeption der Antike ist neben der Idylle ein Stilmittel des 18. Jahrhunderts, das die vielseitigen und manchmal gegensätzlichen Tendenzen im Schaffen Krauses verbindet. Das Thema der Antike ist der Inhalt von mehreren hundert Zeichnungen Krauses, die er 1784 bis zu seinem Tod 1828 fertigte. Dabei sollte man wissen, dass er Italien und Griechenland in seinem Leben nie besucht hat - ein Paradoxon der Träume und Realitäten, das damals für die Provinzen Europas und seine Peripherie zutraf.[23] Die Kenntnis der Antike nur nach indirekten Quellen hinderte Krause nicht, sich konsequent mit ihr zu befassen. Weder August Wilhelm Hupel noch Johann Christoph Brotze oder Graf Ludwig August Mellin, dessen bekannten Atlas von Livland Krause teilweise illustriert hat,[24] oder jeder beliebiger Kulturschaffende in Livland des 18. Jahrhunderts hat die klassischen Kulturen besser als Krause gekannt.

---

[23] Juhan Maiste, Antiigi heiastusi, in: Johann Wilhelm Krause, kunstnikust rhitektiks. Kataloog 1, Tallinn 1999, S. 158.
[24] Ludwig August Mellin, Atlas von Liefland oder von den beyden Gouvernementen und Herzogthümern Lief- und Ehstland und der Provinz Oesel. Riga/Leipzig 1791-1798.

Die Mythologie und Allegorie

Die Rezeption der Antike bei Krause entspricht der allgemeinen Entwicklung des Klassizismus als Kunststil. Die erste Begeisterung Krauses gilt der antiken Mythologie und Allegorie, sowie den verschiedenen Göttern und Göttinnen. Aus dem Jahr 1785 stammt die Serie von mythologischen Szenen in ovalen Rahmungen „Urteil des Paris", „Venus mit dem kleinen Amor", „Der Wagen von Amor" (Abb. 7) nach der berühmten Schweizerin Angelika Kauffmann (1741-1807). Die Nachwirkung des Barock ist in Krauses Schaffen lange zu erkennen. Zu seinem Motivkreis gehören die Szenen mit Daphne, Apollo und Diana nach den Gravuren des venezianischen Künstlers Domenico Maggiotto (1713-1793), verspielte und sich gegenseitig bekränzende Göttinnen, die Siegesgöttin Victoria usw.

Krause stand zwischen zwei Zeitaltern. Um 1800 ist das Erhabene an die Seite der Sensualität getreten und Krause beschäftigte sich schon mit den Symbolen sozialer Bedeutung. In einer allegorischen Komposition „Melancholie" (1788) sieht man eine Frauenfigur in tiefe Gedanken versunken und die strahlende Rotunde im Hintergrund - ein Symbol aus dem Repertoire der Aufklärung und des Klassizismus (Abb. 8). Die Zeichnung „Dem Lichte entgegen" aus dem Jahr 1793 stellt eine Frau mit Kindern dar, die sich auf den Weg zu einer Rotunde auf dem Berggipfel, einem erhabenen Ziel, machen.

Die Archäologie

Der wichtigste Teil des *Voyage pittoresques* der Reiseliteratur war natürlich der Antike gewidmet. Man lernt die Kunst Griechenlands, Roms und der römischen Kolonien zu unterscheiden und auch unterschiedlich zu bewerten.

Wie die englischen Archäologen und Architekten, die eigentlich schon vor dreißig Jahren in Griechenland, in der Levante und im Orient antike Denkmäler aufgenommen und publiziert hatten, reiste Krause in seinen Gedanken über Rom nach Neapel und weiter nach Paestum. Es war seine „Grand Tour", die er selbst in Dorpat/Tartu durch die Abbildungen der Reisebeschreibungen als Künstler, Architekt und Archäologe miterlebte. Mit all diesen exotischen Ländern wurde Krause allein nicht durch Vermittlung von Büchern bekannt. Den ersten und sozusagen unmittelbarsten Darstellungen zog Krause detailerfülltere, durch das Prisma der akademischen Kultur filtrierte Eindrücke vor. Er lernte die Antike als ein Wissenschaftler kennen, als ein Archäologe, der selbst die Peristyle vermessen hat.

In den Jahren 1808-1810 hat Krause eine Reihe von großen Zeichnungen (60x90 cm) der wichtigsten Architekturobjekte der griechisch-römischen Welt geschaffen, die als die repräsentabelsten unter seinen Zeichnungen gelten. Nach den deutschen Landschaftsmalern Philipp Hackert (1737-1807) und Johann Christian Reinhardt (1761-1847) zeichnete er die Ruine des Tempels zu Paestum (Abb. 9) und des Amphitheaters von Flavius in Rom/Colosseum, nach dem Franzosen Jean Simon Berthelemy die Propyläen der Akropolis in Athen. Das Colosseum hat er nach Stichen aus der Serie „Le Vedute di Roma" des berühmten italienischen Künstlers Giovanni Battista Piranesi dargestellt (Abb. 10).

Für Krauses Schaffen waren sowohl die allgemeinen Ideale des Klassizismus als auch die Stimmungen des „Sturm und Drang" charakteristisch. Neben der livländischen Natur erregten sein Interesse die Täler und Wälder der Alpen, neben den deutschen Burgen die Tempel der Antike. Wenn man einen Leitgedanken in den ungefähr 700 von ihrem Niveau und Ziel verschiedenen Zeichnungen zu finden versucht, konzentrierte sich dieser vielleicht auf die Sehnsucht nach der Vergangenheit, der Ferne und dem Erhabenen.

Dem Reichtum und der ideellen Zeitmäßigkeit der Kunst J.W. Krauses ist Ende des 18. Jahrhunderts in Livland nur das Werk von Karl Grass zur Seite zu stellen. Doch blieb das zeichnerische Werk Krauses seinem Wesen nach eklektisch und kopierend, seit Ernennung zum Architekten und Professor der Universität auch mehr eine Liebhaberei ohne künstlerische Ambition. Dazu können manche Auslegungen dargeboten werden.

Eine geht konkret von der Person J. W. Krauses aus - als Künstler und Architekt war er ja ein Autodidakt, dessen Kunstausbildung sich auf die kurze Lehre des Stadtarchitekten von Zittau[25] beschränkte. So kann man sein gesamtes zeichnerisches Schaffen für eine Selbstausbildung halten, wo das Erlangen der Kenntnisse und der Vorlagen immer wichtiger war als die künstlerische Qualität oder die Originalität.

Andererseits ist hier der livländische Kontext interessant. Neben dem anfangs zitierten Heinrich Johann Jannau haben mehrere livländische Literaten und auch Krause selbst ähnlich kritische Äußerungen über die Situation der Wissenschaften, Literatur und Kunst unter dem Landadel im 18. Jahrhundert ausgesprochen. Interessant wären aber auch die Kunstanschauungen der livländischen Gelehrten selbst - des Kreises, zu dem Krause gehörte - zu betrachten. Konnten denn diejenigen, die alle selbst mehr oder weniger Autoren und Dichter waren, und die die Ideen der Aufklärung, des Humanismus und der Romantik vertraten, sich den Künsten widmen, sie verstehen und fördern? Das nächste Zitat aus den Memoiren des livländischen Publizisten Garlieb Merkel (1769-1850) kann teilweise die vorherrschende Bewertung beleuchten und auch den Hintergrund dafür geben, warum der talentierte Künstler der Zeit, der junge Romantiker Karl Grass, seine Reise in die Schweiz zusammen mit Krause im Jahr 1796 nach Italien weiterführte und bis zu seinem Tod in Rom blieb. Zugleich hilft es auch zu

---

[25] Krause, Erinnerungen (wie Anm. 9), Bd. 11, S. 44-45.

verstehen, dass Krause das Zeichnen zurückhaltend nur „meine Neigung" genannt hat.[26] So wundert sich G. Merkel:
„Aber auch der wahrste Enthusiasmus, dacht' ich damals: wozu macht er den Künstler? Es war mir unbegreiflich, wie ein Mann es zu seinem höchsten Lebenszweck wählen könne, aus einer durchlöcherten Röhre oder einem hohlen, mit Saiten bezogenen Kästchen wohlklingende Töne hervor zu locken, oder gefallende Bilder mit Farben oder aus Stein zu machen, oder seinen Körper graziös zu bewegen, - oder auch Aufgaben zu ersinnen, welche Jene ausfahren sollen, - oder auch in sorgfältig abgezählter und geordneter Sylbenfolge, ersonnene Ereignisse und erkünstelte Gefühle vorzutragen. Mir schien, das Talent zu solchen Leistungen sey eine herrliche Zugabe zu dem Vermögen und Bestreben, Höheres zu leisten, - aber allein schienen solche Leistungen nicht fähig und nicht würdig genug, die ganze Bestimmung eines Mannes zu seyn, oder sein Geistesbedürfniß zu befriedigen, sein Leben zu füllen. Was ich von dem staatsbürgerlichen Verhältnisse, dem gesellschaftlichen Charakter und der Lebensweise vieler Künstler hörte und selbst sah, bestärkte mich in meiner Ansicht von dem Ungenügenden der Ausübung schöner Künste, als einzigem Lebenszweck." [27]

Die Weltanschauung und Philosophie von J. W. Krauses reiften im 18. Jahrhundert und gehörten auch dahin. Krause war in erster Linie ein Vertreter der Aufklärung, auch was sein Zeichnen betrifft – „eine Neigung", die immer die Bereitschaft einschloß, vor den Aufgaben von großer sozialer Bedeutung zu weichen. Noch einmal G. Merkels Worte:

---

[26] Krause: Bilder (wie Anm. 8), S. 86.
[27] Garlieb Merkel, Darstellungen und Charakteristiken aus meinem Leben. Bd. 1, Leipzig 1839, S. 182-183. Merkel beschrieb hier seine Meinungen vor 50 Jahren, d.h. in den letzten Jahrzehnten des 18. Jahrhunderts. Bedenkenswert ist, dass er in der Zeit des Schreibens der Memoiren in den 1830er Jahre nötig findet, eine totale Veränderung seiner Ansichten zu behaupten.

„Die schönen Künste sind ohne Widerrede der höchste Schmuck, die Genüsse die sie geben können, sind die edelste Würze des gesellschaftlichen Lebens / .. /, aber man wird zugestehen, daß das Geschmückte und Gewürzte doch wohl einen höhern Werth haben muß, als der Schmuck und das Gewürz. Daß das Haus einen sichern Grund, ein festes Dach und dichte Mauern habe, ist wichtiger, als wie es ausgemalt werde. Daraus folgt nicht, daß Baumeister und Maurer genievollere Leute sind, als der Maler, wohl aber daß ihre Leistungen reeller sind".[28]

Und J.W. Krause konnte in seinem Leben etwas sehr Reelles und Solides schaffen - das Ensemble der Universitätsgebäude in Dorpat/Tartu.

---

[28] Ebenda, S. 180-181.

Abb. 1   Grabmal J.J. Rousseaus in Ermenville
1789, Tusche
Nach C.C.L. Hirschfelds „Theorie der Gartenkunst", Bd. II.

Abb. 2   Panoramaansicht von Gaujiene/Adsel
von 1793, kolorierte Tuschezeichnung

Abb. 3   Tal des Flusses Gauja/Aa
Im Hintergrund die Ruinen des Schlosses Treyden/Turaida
1795

Abb. 4   Wasserfall auf der Grimsel
Tusche, Aquarell
Nach K. Grass

Abb. 5   Porta Aurea zu Pula
1809, Nach L.F. Cassas
"Voyage pittoresque et historique de la Istrie et de la Dalmatie."

Abb. 6 Haupteingang des Tempels in Luxor
1820 (?), Sépia
Nach D.V. Denon's „Voyage dans la haute et basse Egypte pédant les campagnes du général Bonaparte."

Abb. 7   Der Wagen von Amor
1785, Tusche Aquarell
Nach A. Kauffmann

Abb. 8 Melancholie
1788, Tusche

Abb. 9   Tempel zu Segestum
1808, Sepia
Nach J. Ph. Hackert

Abb. 10   Colosseum
1810, Tusche
Nach G. P. Piranesi

CARL TIMOLEON VON NEFF
EIN BALTISCHER MALER MIT FORTÜNE

Gabriele Holland-Hübner

Carl Timoleon von Neff ist ein baltischer Künstler des 19. Jahrhunderts, der in unermüdlicher Schaffenskraft Bilder im Geschmack seiner Auftraggeber malte und damit in der Kunst und im Leben sein Glück machte. Insofern meine ich, man darf ihn einen Maler mit Fortüne nennen.

Das Selbstbildnis, das er 1829 im Alter von 25 Jahren schuf, zeugt von Entschlossenheit und Charakterstärke. Zugleich repräsentiert es einen Porträttypus, der für die Zeit der Romantik besonders charakteristisch ist. Neff verzichtet auf gefälliges Beiwerk und konzentriert sich ganz auf das Gesicht und auf die rechte Künstlerhand. Durch die weitgeöffneten Augen und ihren intensiven Blick gewinnt das Bild seine Ausdruckskraft. Der repräsentative Charakter des Bildes wird durch den kostbaren Stoff, die schwarzsamtene Jacke, den üppigen weichen Pelzumhang unterstrichen. Zusammen mit der aristokratischen Haltung des Künstlers betonen sie dessen starkes Selbstwertgefühl. Übrigens befindet sich das Bild in den Uffizien in Florenz. Neff war aufgrund seiner Gemälde für die Isaakskathedrale in Petersburg zum Ehrenmitglied der Florentiner Kunstakademie ernannt worden und hatte damit das Recht erhalten, in den Uffizien ein Selbstporträt auszustellen. Allerdings wurde das Bild erst 1883 von Neffs Tochter Mary von Grünwald nach Florenz übersandt.[1]

---

[1] Die biographischen Angaben stammen zum grössten Teil aus: Mary von Grünwaldt, Skizzen und Bilder aus dem Leben Carl Timeleon von Neffs. Als Manuskript gedruckt. Darmstadt 1887.

Völlig anders sehen wir Neff auf einem anderen Bildnis, das Karl Vogel von Vogelstein 1843 von ihm in Rom zeichnete.[2] Es entstand unmittelbar vor seiner Abreise nach St. Petersburg, wo ihn der große Auftrag zur Ausmalung der Isaakskathedrale erwartete. Das Porträt im Seitenprofil ist realistisch aufgefaßt und bietet eine lebendige, aber unprätentiöse Darstellung des Künstlers. Nicht der repräsentierende Künstler ist von Interesse, sondern der Mensch und Freund. Das Gesicht ist sprechend und lebensecht dargestellt und lässt die individuellen Charaktereigenschaften des Dargestellten ahnen, die uns aus anderen Zeugnissen über ihn bekannt sind: Rechtschaffenheit und Fleiß, Optimismus und Gottvertrauen, von angenehmem Wesen und als Persönlichkeit gefestigt.

Neff war ein verständnisvoller Mensch und Künstler, der geschickt auf Wünsche und Vorstellungen seiner Auftraggeber zu reagieren wußte. Diese waren - etwa im Zeitraum von 1830 bis 1870 - der Zarenhof und der auch in seinem Kunstgeschmack konservative Adel, Auftraggeber, für die der Künstler eine in ihren Grundzügen akademisch-klassizistische Malweise eklektisch mit romantischen und realistischen Elementen und Erscheinungsformen anreicherte, um derart das gewohnte unversehrte und harmonische Bild des Lebens zu bewahren.

Während dieser Zeit war Neff zunächst als Hofmaler und dann auch als Professor der Akademie der Künste in St. Petersburg tätig.[3] Deren äußerst konservative Ausrichtung war

---

[2] Carl Christian Vogel v. Vogelstein (1788-1868), Bildnis- und Historienmaler, war als Nachfolger Gerhard v. Kügelgens von 1820-1853 an der Dresdner Kunstakademie tätig; er hielt sich immer wieder in Rom auf.

[3] S.N. Kondakov, Jubiläums-Handbuch der Kunstakademie, 1764-1914. Bd. 1-2, SPb [1914]. (In russischer Sprache.) – Bd. 2, S. 139 zu Neff, C.T. v.: "[...]. 1849 aufgrund der Ausmalung der Isaaks-Kathedrale Ernennung zum Professor 2. Ranges an der Kunstakademie St. Petersburg, für Historien- und Porträtmalerei; seit 1864 Kustos der

von Nikolaus I. persönlich verordnet worden und hatte nach dessen Tod 1855 unter seinem liberaleren Nachfolger Alexander II. Bestand. Neff hatte durch zahlreiche Auslandsaufenthalte Berührung mit der zeitgenössischen westeuropäischen Kunst, mit ihrem kunsttheoretischen Hintergrund und vor allem auch mit ihren Vorbildern. Seine künstlerische Entwicklung orientierte sich seit frühester Jugend an westeuropäischer, an internationaler Kunst. Multinational könnte man auch seine Herkunft nennen.

Carl Timoleon von Neff wurde am 2. Oktober 1804 auf Hof Pühs (Estland) als Kind der Gouvernante Félicitè Néf geboren, einer Französin aus der Nähe von Paris, die im Juni 1804 als Hausmädchen der Gattin des russischen Gesandten in Paris, Georg von Berg, nach Estland gekommen war.

Mehrere Gründe sprechen dafür, dass der Vater des Kindes Heinrich Zoege von Manteuffel gewesen ist, der es auch sogleich nach seiner Geburt als Pflegesohn annahm. Carl Timoleon wuchs so in dem ganz und gar deutsch-baltischen Ambiente der Familien Manteuffel und Kügelgen auf.[4]

In der Malerfamilie v. Kügelgen erhielt Neff erste Anregungen zur Beschäftigung mit der Malerei. Gemeinsam mit dessen Sohn Konstantin (geb. 1810) erhielt er Unterricht bei dem bedeutenden Landschaftsmaler Karl Ferdinand v. Kügelgen. Derart vorgebildet, studierte er dann 1824-1825 für fast ein Jahr an der Dresdener Kunstakademie, wo gerade der langjährige Professor Christian Ferdinand Hartmann zum Direktor ernannt worden war. In einem Brief an den Freund La Trobe

---

Gemäldesammlung der Kaiserlichen Eremitage; 1865 Ernennung zum Professor 1. Ranges."

[4] Neff wuchs im Haushalt von Karl v. Kügelgen und dessen Frau Emilie (geb. Zoege v. Manteuffel, Tochter des Heinrich Zoege v. Manteuffel) auf. Karl v. Kügelgen unterrichtete ihn gemeinsam mit seinem Sohn Konstantin (geb. 1810). Zu den verwandtschaft lichen Beziehungen zwischen den Familien Kügelgen und Zoege v. Manteuffel siehe Hans Schöne, Gerhard v. Kügelgen, Leben und Werk. Kiel 1982.

charakterisiert er sein Studium folgendermaßen: „Meine Hauptbeschäftigung ist, nach Gyps und Bildern malen und Anatomie studieren; außerdem zeichne ich nach nackten Modellen und componiere (...) Was meine Kompositionen betrifft, so bin ich, seitdem ich in Deutschland bin, fruchtbarer als eine Bienenkönigin geworden, ich habe einen ganzen Stoß zusammen und begreife selbst nicht, wo all das tolle Zeug hergekommen ist, meist Chimären und lauter Unsinn, der kaum zu enträtseln ist."[5]

Neff bewältigte die eigentlich auf drei Jahre ausgelegte Ausbildung an der Akademie innerhalb von neun Monaten. Im Anschluss an das Studium in Dresden fuhr er dann in Begleitung der Maler Wilhelm v. Kügelgen, Karl Pöschl und Adolf Zimmermann zum ersten Mal nach Rom (1825 – 1826). Diesem ersten sollten später zwei weitere längere Aufenthalte in dieser Stadt folgen, nämlich von 1835 bis 1837 und in den Jahren 1842 bis 1843. Für Neffs künstlerische Entwicklung vor der Inangriffnahme der Gemälde für die Isaakskathedrale 1844 sind sie von besonderer Bedeutung.

Als wichtigste Beschäftigung in Rom erwähnt der Künstler in seinen Briefen immer wieder das Studium Raffaels. Während seines zweiten Romaufenthalts (1835-1837) entsteht aber auch eine Reihe von italienischen Genrebildern. Anregungen hierzu kamen sicherlich durch Leopold Robert, den französischen Maler Schweizer Herkunft, der bis in die 30er Jahre hinein einen nicht unwesentlichen Einfluss auf die deutschen Künstler in Rom ausübte und sich auch an zahlreichen Ausstellungen beteiligte. Hier eines seiner bekanntesten Werke, die „Ankunft der Schnitter in den Pontinischen Sümpfen" von 1834/1835, das in der Berliner Akademie-Ausstellung 1836 gezeigt wurde und Kritiker wie Malerkollegen in Begeisterung

---

[5] Grünwaldt (wie Anm. 1), S.4.

versetzte.[6] Roberts Werke wurden häufig von anderen Malern kopiert oder dem eigenen Schaffen „anverwandelt". Als David-Schüler führte er eine sorgsame Malerei vor, mit festen, plastischen Körperformen und bedeutsamen, fast immer frontal gesehenen Kompositionsfiguren mit großen allgemeinen Ausdrucksgebärden. Mit dem „Mädchen mit dem Tamburin" und dem „Mädchen aus Retuna" schuf er einen Prototyp der schönen Italienerin, der im ganzen 19. Jahrhundert immer wieder aufgegriffen wurde, etwa mit Philipp Veits „Italienischen Mädchen" oder mit Anselm Feuerbachs „Römerin" von 1860. Auch Neff hat sich diese Vorstellungen zu Eigen gemacht und dabei wohl die Malerei Roberts zum Vorbild genommen, seine „Albanerin am Brunnen" (Abb. 1) nahegelegen. Sie ist eine von Neffs besten Arbeiten zu diesem Themenkreis. Eine Albanerin trinkt das aus dem Maul eines Brunnenlöwen rinnende Wasser. Der Löwe hat sein Vorbild in einer Skulptur in den Vatikanischen Gärten. Die „Abruzzerin mit Wasserkrug" (1836) lässt übrigens auch erkennen, dass die zahlreichen Caldoni-Bilder, hier z.B. dasjenige von H. Maria Hess von 1823, Neff nicht gleichgültig gelassen haben.

Italienische Genrebilder dieser Art kamen in den 40er Jahren etwas aus der Mode, wenngleich der Typus der idealisierten Italienerin während des ganzen 19. Jahrhunderts in wechselnden Kontexten wiederzufinden ist.

Neben diesen Genrebildern aus Italien hat Neff aber vor allem Genrebilder aus seiner estnischen Heimat geschaffen, die ihn dort außerordentlich populär machten. Die Nachfrage nach ihnen war so groß, dass er vielfach Repliken seiner Bilder herstellen musste. Darüber hinaus wurden sie auch von Karl Ludwig Maibach und anderen Künstlern kopiert.[7]

---

[6] Leopold Robert, siehe Wolgang Becker, Paris und die deutsche Malerei 1750-1840. München 1971, S. 110ff.

[7] Ausstellungskatalog: Estnische Malerei des frühen 19. Jahrhunderts. Kiel 1986, S. 7.

Es handelt sich auch hier um idealisierende Genrebilder, die nun Szenen aus dem estnischen Leben darstellen. Neff wählt bäuerliche Motive, wie hier die „Estnische Bäuerin beim Füttern der Hühner." (1839). Dargestellt ist wohl eher eine hübsche und niedliche Dame, allerdings in anmutiger und zugleich auch prächtiger Volkstracht. Das Ganze wirkt inszeniert wie ein Theaterstück und eignet sich in seinem dekorativen Kolorit und seiner liebevollen Detailschilderung als Schmuck für einen Salon. Neff reiste übrigens in dieser Zeit auch durch Russland und zeichnete Skizzen von russischen Kostümen, die sich gut verkauften und die auch der Kaiserin so gut gefielen, dass sie solche Blätter bei Neff bestellte.[8]

Bei dem Gemälde „Estnische Bäuerin mit einem Kinde" von 1859 handelt es sich um eine Mutter-Kind-Darstellung, die kompositionell eindeutig auf Madonnenbildnisse zurückgeht, aktualisiert allerdings durch die feine estnische Tracht. Die Umgebung zeigt eine nicht näher zu lokalisierende Sommerlandschaft. Links und rechts im Vordergrund wird die Darstellung von baumartigen Gewächsen gerahmt, Efeuranken reflektieren das Sonnenlicht, nehmen das blumenähnliche Muster der Haube und der Bluse spielerisch wieder auf und bringen dadurch Lebendigkeit und eine gewisse Leichtigkeit in die liebenswerte, aber durchaus konventionelle Darstellung.

Im Zentrum des (undatierten) Bildes „Die Überraschung" (Abb. 2) sehen wir zwei junge Frauen in estnischer Tracht, die, einander freundlich zugetan, mit direktem Blick auf den Betrachter am Ufer eines Gewässers sitzen, die eine blond, die andere dunkelhaarig. Sie wecken Assoziationen an „Die beiden Leonoren" (1836) von Carl Ferdinand Sohn, die ihrerseits eine der zahlreichen Abwandlungen von Friedrich Overbecks „Italia und Germania" Darstellung sind. Der „Überrascher" wiederum, räumlich und farblich ganz im Hintergrund belassen und fast nur durch Blick und Zeigegestus der Dunkelhaarigen bemerk-

---

[8] Julis Genss, Carl Timeleon v. Neff In: Varamu, 1940, 4, S. 387-400.

bar, erinnert an ein beliebtes Motiv deutscher romantischer Malerei, an einen rasch hinter einem Baum hervortretenden Jäger oder Räuber. Die Räuberromantik gerade der Düsseldorfer Schule um Theodor Hildebrandt und Karl Friedrich Lessing war in engem Zusammenhang mit Leopold Roberts Gemälden wie „Die Ankunft der Schnitter" entstanden. Am rechten Bildrand liegt hinter einem großen Birkenstamm vor weitem Wasserspiegel eine Ruderbarke, - Andeutung des Insularen und damit der Unausweichlichkeit der Situation. Die Requisiten, die latente Erotik und die Leichtigkeit der Darstellung haben wohl Hanno Kompus dazu bewogen, in Neffs estnischen Genrebildern dieser Art eine Anknüpfung an Bouchers Schäferszenen zu sehen.[9] Es handelt sich aber wohl doch eher um eine Anlehnung an das Formenrepertoire der Düsseldorfer Schule und eine Übernahme von deren feiner und brillanter Maltechnik. Die Gemälde der Düsseldorfer jedoch sind im Allgemeinen immer von einer einheitlichen Bestimmtheit geprägt. Sie gerade lässt Neff vermissen.

Gefälliges Kolorit und glänzende Malweise finden wir auch bei dem Gemälde „Die Ernte", ebenfalls undatiert und etwa um 1840 einzuordnen, also etwa gleichzeitig mit der hühnerfütternden Bäuerin. Das Ernte-Thema wird nur äußerst dezent in zwei Details angedeutet: durch die kleine Sichel in der Hand der durch den Torbogen in den Bildvordergrund tretenden estnischen Bäuerin, und durch den Ausblick, den das Tor auf ein in der Ferne erkennbares Erntefeld bietet. Julius Genss spricht im Zusammenhang mit Bildern dieser Art von „modischen Genrebildern, die dazu bestimmt waren, dem Auge zu gefallen und mit ihrer romantischen Schönheit den Sinnen zu schmeicheln."[10] Diesem Urteil wird man sich sicher anschließen können.

---

[9] Hanno Kompus, Wiederspiegelungen des Gesellschaftlichen in der Estnischen Kunst. Zit. nach Genss, a.a.O.
[10] Genss (wie Anm. 9), a.a.O.

Interessant ist, dass sich gerade in Russland schon um diese Zeit eine ganz andere Tendenz entwickelt hatte, eine sehr viel stärkere Hinwendung zum Realismus, die aber noch nichts mit der sozialkritischen tendenziösen Malerei der „Wanderaussteller" zu tun hat. Wichtiger Repräsentant ist Aleksej Venecianov, erheblich älter als Neff (1779-1847), der z.B. mit seinem schon 1823 entstandenen Gemälde „Die Tenne" ein echtes Interesse an bäuerlichem Leben und an einfachen Menschen bildhaft umzusetzen versucht, womit er international auf der Höhe seiner Zeit steht, dem Kunstgeschmack der kaiserlichen Familie aber ganz und gar nicht entspricht.

Neben den estnischen Genrebildern haben vor allem Neffs Darstellungen von Nymphen und Badenden zu seiner großen Popularität im Baltikum und in ganz Russland beigetragen. Als Beispiel seien genannt eine Badende als Rückenhalbakt (1858), zweifellos sehr stark von Ingres inspiriert, und die „Mädchen in einer Grotte" (1859), ein Stück Salonmalerei, das eher aus Neffs vorangegangener Genremalerei hervorgegangen ist und in Wahl des Ortes und der Haltung der Badenden sein Vorbild wieder bei Leopold Robert findet, nämlich in seiner „Jeune fille italienne assise sur les rochers à Capri", 1827.

Neben diesen Werkgruppen ist es die Porträtmalerei, die im Mittelpunkt von Neffs künstlerischer Tätigkeit steht, bevor er mit Großaufträgen für religiöse Historienbilder beschäftigt ist. In Naglers „Neuem Allgemeinen Künstler-Lexikon" wird er 1841 daher auch als „Bildnismaler zu St. Petersburg" vorgestellt, „dessen Werke einen ausgezeichneten Rang einnehmen".[11]

Schon nach seiner ersten Romreise, 1826, arbeitet Neff, zunächst für ein Jahr in Estland, als Porträtmaler. 1827 reist er dann nach St. Petersburg. Ganz auf seinen geschäftlichen Erfolg vertrauend, mietet er dort eine elegante Wohnung am Eng-

---

[11] G. K. Nagler, Neues allgemeines Künstler-Lexikon. Bd. 10, München 1841, S. 170.

lischen Kai, also dicht am Winterpalais. Binnen kurzem hat er einen großen Kreis von Auftraggebern und ist, ganz besonders in deutschen Petersburger Kreisen, zum gesuchten Modeporträtisten geworden. Er selbst betrachtet diese Tätigkeit als lästige Brotarbeit. An La Trobe schreibt er 1831: „Ich sag Ihnen, wenn ich nur halbwegs meine Existenz gesichert habe, werde ich nach dem letzten Porträt mich in mein Kämmerlein einschließen und auf meinen Knien für die Erlösung danken."[12]

Prominentester Auftraggeber Neffs war die kaiserliche Familie. Seine Porträts von Mitgliedern der kaiserlichen Familie wurden im ganzen Russischen Reich durch Kopien und in zunehmendem Maße auch durch Nachstiche verbreitet. Neben den Genrebildern gab es damit einen weiteren „Markenartikel", der fest mit dem Namen Carl Timoleon von Neffs verbunden war. Auf einem Bilde sehen wir ein 1846 entstandenes Porträt der Herzogin Maria Maksimilianovna Leuchtenberg als kleines Mädchen im blauen Kleid, rechts ein Porträt der Großfürstinnen Maria Nikolaevna und Olga Nikolaevna, der Töchter Zar Nikolaus I., gemalt 1838. Bereits ein Jahr später entstand ein Nachstich von Robinson, der weite Verbreitung fand.[13]

Nachstiche existieren auch von diesem Bildnis der Großfürstin Maria Nikolaevna. Es ist 1846 entstanden und erfreute sich ganz besonderer Beliebtheit. Die Großfürstin war auch sonst von großer Bedeutung für Neffs Karriere. Sie und ihr Mann, der Herzog Maximilian von Leuchtenberg, interessierten sich sehr für Kunst, und nach dem frühen Tod ihres Gatten wurde Maria Nikolaevna 1852 Präsidentin der Petersburger Akademie der Künste und zugleich Vorsitzende der Gesellschaft zur Förderung der Künste und damit zu einer der einflussreichsten Persönlichkeiten des russischen Kunstlebens.

---

[12] Grünwaldt (wie Anm. 1), S. 11.
[13] N.V. Samover u. E.E. Ljamina, "Der arme Josef", I.M. Vielgorskij, Tagebuch. Briefe. In: Naše Nasledie, 1998, Nr. 48, S. 44. (in russischer Sprache.)

Zahlreiche Kritiker sahen und sehen in dem Porträt nur eine in ihrer übertrieben eleganten Linienführung effektvolle Komposition ohne Inhalt. Sicher erinnern die idealisierte Monumentalität der Komposition und die Gestaltung des dekorativen Beiwerks an Neffs Genrebilder aus Italien. Zugleich aber ist deutlich zu erkennen, wie sehr sich der Künstler bemüht, die Ernsthaftigkeit und die vielfach dokumentierte Gutmütigkeit der Dargestellten zum Ausdruck zu bringen.

Die Art, in der Maria Nikolaevna den breiten Spitzenbesatz ihres Seidenumhangs über das Haar drapiert und ihn mit ihrer rechten Hand zusammenhält, erinnert an Darstellungen von Bäuerinnen in Sonntagstracht, und diese Assoziation ist sicher gewollt. Das Trachtenporträt als spezielle Gattung der Porträtmalerei setzte sich in Russland gerade während der Herrschaft Nikolaus I. durch. Dieser hatte 1834 eine Kleiderordnung erlassen, in der als Festkleidung anstelle westeuropäischer Roben Volksnähe suggerierende russische Trachten vorgeschrieben wurden.[14] Man kreierte russifizierte Phantasiekostüme, die auch von Zarin Aleksandra Fedorovna persönlich getragen wurden. Diese nicht unsentimentale Bauernromantik prägt in den folgenden Jahren das äußere Erscheinungsbild der russischen Oberschicht.

Wie wir sehen, entspricht Neff auch hier, wie schon in seinen estnischen Genrezügen, diesen Ansprüchen mit einfühlsamem Geschick.

1843 erhielt Neff dann den Auftrag, bei der Ausgestaltung der Isaakskathedrale mitzuwirken. Auf persönlichen Wunsch des Kaisers sollten alle Mariendarstellungen die Züge einer Madonna tragen, die dieser besonders liebte und die Neff seinerzeit für die Kapelle des, „Cottage" privaten Villa des Kaiserpaares in Peterhof, gemalt hatte. Sie ist leider nicht erhalten.

---

[14] Gisela Reineking–v. Bock, Hrsg, Prunkvolles Zarenreich. Eine Dynastie blickt nach Westen, 1613-1917. Köln 1996, S. 283 ff. (Austellungskatalog).

Die Isaakskathedrale war das letzte monumentale Bauwerk des Spätklassizismus, das in Petersburg errichtet wurde, und zwar von Auguste Ricard de Montferrand. Sie war 1842 im Rohbau fertig geworden, wurde 1848 nach 30jähriger Bauzeit geweiht, die Ausgestaltung des Innenraums dauerte jedoch noch bis 1858. Neffs Aufgabe bestand im Wesentlichen in der Gestaltung der Hauptikonostase und in der Lieferung einiger Historienbilder. Hinzu kamen noch Gemälde für die Ikonostase der Katharinenkapelle. Er benötigte zur Durchführung dieses Auftrags fast zehn Jahre, von 1844 bis 1853.[15]

Für die Gestaltung der Ikonostase, der Ikonenwand, gelten bis heute feste Regeln, die auch in der Isaakskathedrale zur Anwendung kamen. Neben der Königspforte sind links und rechts die beiden wichtigsten Bilder für die Ikonengebete der Liturgie angeordnet: Christus als Pantokrator (rechts) und die Gottesmutter (links). Diese beiden Hauptikonen werden im gesamten byzantinischen Bereich mit ganzfigurigen thronenden Jesus- und Mariengestalten ausgefüllt. In Russland hat sich eine Ikonenwand herausgebildet, die in mehreren Reihen oft bis zur Decke reicht.[16] In der untersten Reihe finden wir neben den beiden Hauptikonen die Kirchenpatrone, in der zweiten Reihe die Erz-Engel und die Apostel, in der dritten Reihe die Festtagsikonen, in der vierten die Propheten, in der fünften die Erzväter. Die Tür der Königspforte ist mit der Verkündigung und den vier Evangelisten bemalt, über der Tür ist das Abendmahl dargestellt.

Die nach Vorlagen von Neff ausgeführten vier Mosaiken der untersten Reihe haben die Maße 4,80 x 2,10 m und stellen die Schutzpatrone der vier russischen Herrscher dar, die Kirchen zu Ehren des hl. Isaak von Dalmatien, des eigentlichen

---

[15] Th. Bulgarin, Der Maler Neff und seine Arbeiten in der Isaakskathedrale. In: Revalsche Zeitung 1876, Nr. 304 u. 305.
[16] Boris Rothemund, Handbuch der Ikonenkunst, München, 2. A. 1966, S. 342ff.

Patrons der Kirche, errichten ließen. Es sind Petrus, Katharina, Alexander und Nikolaus.

Betrachten wir nun zunächst die Gottesmutter mit Kind: Sie thront vor einer sakralen Nischenarchitektur. Diese traditionelle Bildformel, die als groß räumliches Apsismotiv vor allem in Giovanni Bellinis berühmten Darstellungen der Sacra Conversazione ihr historisches Vorbild hat, ist kennzeichnend für Neffs Orientierung am festgeprägten Formenrepertoire der italienischen Cinquecento-Malerei.

Das kräftige Rot und Blau des Mariengewandes konzentriert den Blick des Betrachters auf diese Gestalt. Mit leicht geneigtem Kopf und gesenkten Augenlidern hält sie einfach und würdevoll das Kind, das, auf ihrem Schoß sitzend, seinen Blick offen dem Betrachter zuwendet. Dabei streckt es seine Arme zu einem weltumfassenden umarmenden Gestus aus.

Typus und Auffassung dieser Madonna weisen eindeutig auf das Vorbild Raffaels hin. Das Antlitz und die gesamte Haltung der Gottesmutter weisen eine starke Ähnlichkeit mit der „Madonna mit dem Fisch" auf (Madrid, Prado). Das Gesicht des Christuskindes hingegen entspricht stärker der Kindesdarstellung der Sixtinischen Madonna (Dresden, Gemäldegalerie).

Diese Übernahme von Formelementen aus Madonnenbildern Raffaels ist charakteristisch für die Verehrung, die Neff, wie auch zahlreiche seiner Zeitgenossen, diesem Künstler entgegenbrachte. An seine Frau Louise schreibt er während seiner zweiten Romreise: „[...] ich [habe] den ganze Tag über im Vatikan dem Meister der Meister ins Auge geblickt Ich habe für diesen Mann eine Vénération, wie für keinen anderen ...". In einem anderen Brief heißt es: „Raffaels Werke und Herrlichkeiten begeisterten mich - und wenn auch lange, lange, lange nicht er - ich war ihm doch ähnlich."[17] Äußerungen dieser Art sind nicht nur bezeichnend für den zeittypischen Kult Raffaels,

---

[17] Grünwaldt, (wie Anm. 1), S. 20.

sondern werfen auch ein interessantes Licht auf Neffs Selbsteinschätzung als Künstler in dessen Nachfolge.

Bei einer Betrachtung der hl. Katharina, die als Märtyrerin mit ihren Attributen - Palmzweig und zerbrochenes Rad - vor einem Goldgrund dargestellt wird, fällt zunächst die Ähnlichkeit mit dem Bild der Muttergottes auf - das Antlitz, die Kopfhaltung und auch die Hände. Innerhalb der dominierenden Rot- und Blautöne sind hier allerdings die Farbkontraste stärker, das Gewand ist ornamentiert, und die Einzelfigurdarstellung zeichnet sich durch härtere Konturen aus. Auch dies zeigt wieder: Die malerische Auffassung der Muttergottes mit ihrer weich fließenden Liniengebung und der feinen Schattierung in den Gewandfalten ist als Nachempfindung Raffaelscher Madonnen zu verstehen. Der zentralen Bedeutung dieser Ikone entspricht auch die meisterhafte Umsetzung ihrer Vorlage ins Mosaik. Übrigens, die Mosaizisten, die hauptsächlich in römischen Mosaikwerkstätten ausgebildet worden waren, benutzten zur Wiedergabe der Malerei bis zu 14.000 Schmalten in verschiedensten Farbschattierungen.[18] Wie stark der Eindruck des Betrachters von einer feinen und genauen Umsetzung der Malerei in das Mosaik abhängt, zeigt ein Blick auf die Verkündigungsszene von der Tür der Königspforte, besonders auf die demütig kniende Maria.

Die relativ grobe Umsetzung der malerischen Vorlage bringt diese Szene um ihre qualitative Wirkung. Auch hier zitieren Komposition und Darstellung wieder Vorbilder aus der italienischen Renaissance: Maria nimmt die Verkündigung gefasst entgegen, wie es einer „ancilla domini" zukommt.

Die Darstellungen weiblicher Heiliger in der Katharinenkapelle der Kathedrale zeigen die hl. Katharina und die hl. Anastasia. Sie sind nur halbfigurig dargestellt, im Format 1,60

---

[18] N.S. Kuelnikova, Die Mosaik-Abteilung der Akademie der Künste. In: A. Ch. Trudy, SSSR, vyp. 2, Moskva 1984. (In russischer Sprache.)

x 1,30 m, denn sie gehören zur zweiten Reihe der Katharinenikonostase.

Bei der hl. Katharina handelt es sich offenbar wieder um die hl. Katharina von Alexandria. Hierfür spricht das zerbrochene Rad im rechten Mosaikhintergrund. Sie ist gekrönt und in betont herrschaftlicher Kleidung dargestellt, ein Hinweis auf ihre adlige Herkunft und ihren Reichtum. Der Blick ist nach oben gewandt.

Die hl. Anastasia wirkt vor allem in ihrer Standhaftigkeit, und in ihren Händen hält sie dem Betrachter demonstrativ eine Bibel vor Augen. Beide Gestalten repräsentieren in ihrer strengen, geraden Haltung, mit den klaren, fest konturierten Gesichtern und in ihrer verhaltenen Pathetik den Typus der Frauendarstellung, wie wir ihn schon von Neffs italienischen Genrebildern her kennen.

Wir haben bisher bei Neff fast ausschließlich Einzelporträts und Darstellungen von Einzelfiguren kennengelernt. Für die Isaakskathedrale hatte er nun aber auch religiöse Historienbilder mit zahlreichen Figuren zu malen, die in komplexen Beziehungen zueinander stehen. Es handelte sich um sieben Kompositionen, die Feiertage darstellen sollten und für die Nischen zwischen den Hauptpfeilern der Kathedrale bestimmt waren. Zwei von ihnen möchte ich hier vorstellen, und zwar die „Geburt der Maria" (Abb. 3) und den „Tempelgang Mariae"
(Abb. 4), beide in den Jahren 1846-1848 entstanden.

Die auf den Berichten der Apokryphen fußenden Darstellungen aus dem Marienleben haben im byzantinischen Bereich eine längere und reichere Tradition als in Westeuropa.

Bei Neff sehen wir die Wöchnerin Anna auf einer Liegestatt, das Kind Maria im Arm. Links im Hintergrund steht mit gefalteten Händen der Vater Joachim. Im Vordergrund bereiten die Hebamme mit aufgekrempelten Ärmeln und eine Dienerin in rotem Gewand das Bad für das Marienkind.

Das Geschehen ist in einem antikisierend dargestellten Raum angesiedelt, der einen unbestimmt offiziellen Charakter trägt. Vier große Reliefnischen lassen wie absichtslos die Wandgliederung als Kreuz hervortreten. Im Hintergrund befindet sich eine unsichtbare Lichtquelle. Sie wie auch das Kreuz werden von einem Vorhang überblendet - eine klassische Pathosformel.

Das schwer zu füllende hohe Bogenfeld hat Neff mit gutem Sinn für Inszenierung einbezogen. Durch das architektonisch vorgegebene ungünstige Hochformat 3,70 x 1,70 m wird die Komposition aber etwas beeinträchtigt. Durch die waagerecht verlaufende Liegestätte der Anna entsteht eine deutliche Zweiteilung des Bildes, die jedoch durch aufgesetzte Lichter - von einer konsequenten Lichtführung kann man wohl kaum sprechen - und durch die einander zugewandte Kopfhaltung der Personen wieder zu einem Ganzen zusammengeschlossen werden soll. Im hellsten Zentrum des Bildes sehen wir das Kind, Maria und das Gesicht der Anna. Die starke Helligkeit wird durch das Gegeneinandersetzen von Gelbweiß und Blauweiß mit graublauen Schattierungen erreicht. Auffallend ist die unterschiedliche Behandlung der Inkarnate, die durch Licht und Schattengebung sowie durch die Reflexion von beleuchteten Farbflächen bestimmt wird. Die transparent wirkenden erdtonigen Farbflächen, die bei Vermeidung harter Konturen die malerische Seite betonen, lassen entfernt an Correggio denken.

Im thematischen Vorwurf „Geburt der Maria" (Abb. 3) liegt per se etwas Genrehaftes, was hier besonders durch die Tatkraft suggerierenden hochgekrempelten Ärmel der Hebamme betont wird. Im Übrigen sehen wir innerhalb des Bildes, das nicht so sehr über die bemühten Blickachsenbeziehungen, sondern eher durch das Kolorit zusammengehalten wird, eine etwas eklektische Collage von tradierten Gesichts- und Haltungscharakteren. Das Marienkind ist einerseits von der traditionellen Kind-Wiege-Sentimentalität geprägt, andererseits folgt seine Darstellung den idealisierten stillen Kindverklärungen nach postraffaelitischem Muster.

In die klassische Stimmung des Bildes bringt die tatkräftige Figur der Hebamme einen unerwarteten Realitätsschub. Einen Kontrast zu ihr bildet die rotgewandete Dienerin, die, bezeichnenderweise im Profil gegeben, geradezu hoheitsvoll das Wasser eingießt. Diese Gruppe des Vordergrunds wird durch die ältere Frau geschlossen. Dem Bedürfnis nach Prunk trägt der delikate metallene Glanz des Wasserkessels Rechnung.

Beim „Tempelgang Mariae" (Abb. 4) handelt es sich um eine häufig dargestellte Episode aus den Apokryphen: Die dreijährige Maria wird von ihren Eltern in den Tempel gebracht, um, wie es ein Gelübde der Mutter verlangt, dort Gott zu dienen und bis zu ihrer Eheschließung ein tugendhaftes Leben zu führen. In der rechten unteren Ecke verharren die Eltern Anna und Joachim. Anna hält ein Tuch mit zwei Tauben, Symbole für Demut und Tugend Mariä. Diese ist bereits auf der obersten Stufe des Tempelaufgangs angelangt – von dem jedoch nur zwei Stufen zu sehen sind. Oben empfängt sie der Hohepriester Zacharias, flankiert von zwei Tempeldienern. Die Architektur der Vorhalle des Tempels ist im Hintergrund nur ausschnitthaft angedeutet.

Eingebettet ist das Geschehen in einen alles einhüllenden warmen Rot-Braun-Ton, wobei das Bild aber dennoch kompositorisch in zwei Ebenen zerfällt. Das Licht liegt auf dem Geschehen im Vordergrund, dem Aufstieg Mariens, der, symbolisch überzeugend das Erscheinen des Lichts verkörpernd, quasi eigenlichtig ist. Über dem Blau des Gewandes der Anna setzt sich wirkungsvoll das Gold-weiß der Maria ab. Diese diagonale Farblichtachse klingt reflektierend im Goldbrokat des Priestermantels nach. Die große Bildfläche in der Mitte wird von den drei Klerikern mit ihrem sich kompakt zusammenschließenden Dunkelkolorit gefüllt. Typisiert sind die klar herauslesbaren Gesichts- und Haltungscharaktere. Die beiden weihrauchschwenkenden Tempeldiener offenbaren in ihrer etwas mürben Dekadenz ihre Herkunft aus dem Typenfundus englischer präraffaelitischer Malerei (Dante Gabriel Rossetti). Der Hohepriester selbst dominiert in würdig ernster Gebetshaltung. Sein von einem Bart umrahmtes Gesicht mit den tief verschatteten Augenhöhlen suggeriert den bereits genrehaft verfestigten Ausdruckstypus einer gänzlich nach innen gekehrten Religiosität. Ein Lichteffekt auf der Priestermütze verleiht der Dunkelzone unter dem Bogen einen Glanzpunkt.

Es gelingt Neff nicht ganz, die Geschehensebenen in Vorder- und Hintergrund plausibel miteinander zu verbinden. Offenbar vertraut er auf die verdichtende Wirkung des Lichtes. Aber die Blick- und Handlungsbezüge laufen aneinander vorbei. Die Beziehungskluft wird auch durch die die Achse betonende betende Hand des Priesters über dem Nimbus der Maria nicht überbrückt.

Zar Nikolaus I. war von Neffs Arbeiten in der Isaaks-Kathedrale außerordentlich angetan. Dies belegen die zahlreichen Ehrungen und nicht zuletzt das stattliche Honorar, das es Neff gestattete, sich einen zweiten Landsitz bauen und einrichten zu lassen.[19] Sicher sah Nikolaus I. in Neffs religiösen Bildern darüber hinaus auch eine ideologische Unterstützung für die von seinem Bildungsminister Uvarov geprägte Formel „Orthodoxie, Autokratie und nationales Selbstbewußtsein". Neffs Arbeiten legten Zeugnis von der ungebrochenen Kraft

---

[19] W. Neumann, Baltische Maler und Bildhauer des XIX. Jahrhunderts. Riga 1902, S. 56ff. Bis zu seiner Berufung als Professor lebte er größtenteils auf dem von ihm in Estland erworbenen Gute Piera bei Wesenberg. 1861 kaufte er das Gut Münkenhof. Er errichtete sich hier ein schloßartiges Gebäude, das er, wie das Wohnhaus zu Piera, mit Kunstschätzen aller Art, namentlich mit eigenhändigen Kopien nach italienischen Renaissancemeistern und mit Skulpturen schmückte.; Mary v. Grünwaldt, Katalog der Kunstgegenstände in Münkenhof. Riga 1889.; Ebenfalls, Katalog der Kunstgegenstände in Piera. Riga 1890.

und Gültigkeit der orthodoxen Religion ab, deren kirchliche Institutionen spätestens seit Peter I. untrennbar mit dem Alleinherrscher verbunden waren, und sie vermittelten dem Volk auch die traditionellen christlichen Bildinhalte.

Aber Neffs Arbeiten für die Isaaks-Kathedrale stießen nicht nur auf Zustimmung. Sie zielten auf ein emotionales, stimmungshaftes Sichhineinversetzen in eine historische Siltuation, das den Vorstellungen konservativer, orthodoxer Kreise von Andachtsbildern widersprach. Stellvertretend für andere kritische Stimmen gegen westliche Strömungen sei hier aus einem 1848 im „Žurnal narodnogo prosvescenija" erschienenen Artikel über die Bildnismalerei in der russischen Kirche zitiert: „Das Herkommen der alten Kirche gestattet nicht, auf diesen Bildern heftige Seelenbewegungen darzustellen (...). Der Pinsel der fremden Schulen malt mehr eine ideale Körperschönheit, wie die Phantasie des Künstlers sie sich ausdenkt, und nicht selten nach einem von ihm ausgewählten unheiligen Gegenstand, dessen Schönheit ihm gefiel. Diese Malerei ist die philisophierende, welche mehr unter dem Einfluss der Idealität und Phantasie schafft, als in Abhängigkeit von Schrift und Überlieferung (...). Dem Künstlergeschmack fügt sich knechtisch der Geschmack einer großen Anzahl Kunstliebhaber."[20]

Die von Zar Nikolaus I. geförderte konservative Ausrichtung der Akademie und ganz allgemein der staatlich geförderten Gegenwartskunst entwickelte unter dem Einfluss derartiger rückwärts gewandter Bestrebungen eine Eigendynamik, die den Geist der Akademie auch unter seinem politisch liberalen Nachfolger prägte. Neff, der 1849 zum Professor ernannt worden war und 1855 von der bereits erwähnten Kaisertochter Maria Nikolaevna ein Lehramt erhielt, bekam dies durchaus zu spüren.

---

[20] August Frhr. v. Harthausen, Studien über die inneren Zustände, Volksleben und insbesondere die ländlichen Einrichtungen. Berlin 1852.

Aber auch weiterhin erhielt er wichtige Aufträge für repräsentative Arbeiten. 1866 z.B. bekam er den Auftrag, die russisch-orthodoxe Kirche in Nizza mit Gemälden auszustatten, ein Bau aus weißem Marmor, der zum Andenken an den gerade verstorbenen jungen Thronfolger Nikolaj Aleksandrovic errichtet wurde. Die Gemälde sollten in jeder Hinsicht den traditionellen byzantinischen Maßstäben genügen, weswegen eigens Professor Prochorov zu Rate gezogen wurde, der Konservator des Byzantinischen Museums.[21]

Auch für diese Kirche war ein „Tempelgang" (Abb. 5) zu malen, und es bietet sich an, ihn mit dem 20 Jahre früheren Gemälde für die Isaakskathedrale zu vergleichen. Schon vorweg sei gesagt: Die Frage der Komposition, d.h. der Bildaufbau und die koloristischen Wechselbezüge, war in Nizza durch das günstigere Format sehr viel einfacher zu lösen als seinerzeit in St. Petersburg.

Was nun die kurz angedeuteten Anforderungen ultraorthodoxer Kreise an religiöse Kunst betraf, so mag es auf den ersten Blick scheinen, dass Neff ihnen in Nizza Rechnung trug. Die Prinzipien des Bildaufbaus und das dargestellte Inventar entsprechen der byzantinischen Tradition des Mosaikbildes. Dies gilt für die auf einem Gemälde etwas steif wirkende Art, wie die Personen hintereinandergestellt sind, ebenso für das Ciborium als tradierte Abbreviatur für den Tempel als Ort des Geschehens, das zudem hier sehr dekorativ als Bogen unter dem rahmenden Bogen des Bildes fungiert. Aber auch in diesem Gemälde finden wir wieder die eklektische Mischung von typischen Zügen der italienischen Renaissancemalerei mit Elementen der präraffelitischen Malerei des 19. Jahrhunderts. Die Figuren werden aus dem als Ganzes aufgerichteten Bild-

---

[21] Grünwaldt (wie Anm. 1), S. 196ff. – Neben den Gemälden für die Isaaks-Kathedrale und für die russ.-orthodoxe Kirche in Nizza sind Werke von Neff heute vor allem noch in den russisch-orthodoxen Kirchen von Bad Ems und Wiesbaden zu sehen.

raum klarlinig und damit strenger herausgezeichnet, die auf Atmosphärisches zielende Tonigkeit der älteren Darstellung fehlt hier. Während aber beim Petersburger „Tempelgang" die Gesichter aller Personen von einem gemeinsamen Ernst gezeichnet sind, ist das Kindergesicht der Maria hier von frömmelnder Lieblichkeit geprägt.

Die „Geburt Mariae" (Abb. 6) hat Neff ebenfalls für Nizza noch einmal neu gestaltet, und auch hier ist die Physiognomie der Figuren von einer an Kitsch grenzenden Süßlichkeit geprägt, wie wir sie von der zu dieser Zeit aufkommenden Massenproduktion religiöser Bilder für Kirche, Schule und Salon kennen. Statt der würdig ernsten Gebetsneigung des Hohenpriesters der Isaakskathedrale sehen wir einen netten alten Großvatertyp. Störend wirken teilweise auch die unangemessenen Proportionen des Dargestellten: die grazile Frau mit ihrem gewaltigen Wassergefäß und der riesige profane Badezuber im Zentrum der Darstellung.

Der Vergleich zeigt insgesamt deutlich: Von einer Wende in Neffs künstlerischer Auffassung kann in diesen 20 Jahren keine Rede sein. Er bleibt seinen einmal erworbenen Grundsätzen akademischer Malerei treu. Die früheren Darstellungen für die Isaakskathedrale mit ihrer verbindenden Tonigkeit sind sicher gelungener als diejenigen für Nizza. Diese Art der Malerei beherrscht Neff ausgezeichnet. Auf den späteren Darstellungen befinden sich die Figuren in einem quasi atmosphärelosen Raum, der sie fast als Schablonen erscheinen läßt.

Neff bleibt auch in seinen späteren Jahren der akademische Maler, der sich den ästhetischen Konventionen und geschmacklichen Präferenzen seiner Auftraggeber virtuos anzupassen weiß, der Eklektiker sein kann, weil es offenbar wenig gibt, was ihn als Künstler genuin bewegt. Dass ihm diese Rolle genügte, macht sicher einen erheblichen Teil seiner „Fortüne" aus.

Abb. 1 Albanerin am Brunnen
(Ausschnitt)

Abb. 2   Die Überraschung

Abb. 3 Geburt der Maria
Isaakskathedrale St. Petersburg
(Ausschnitt)

Abb. 4   Tempelgang Mariae
Isaakskathedrale
(Ausschnitt)

Abb. 5 Tempelgang Mariae
Russ.-Orthodoxe Kirche in Nizza
(Ausschnitt)

Abb. 6 Geburt Mariae
Russ.-Orthodoxe Kirche in Nizza
(Ausschnitt)

BALTISCHES KULTURERBE UND DIE DRESDNER KUNSTAKADEMIE

Edvarda Šmite

Über den Einfluss deutscher Kultur auf Lettland im Laufe vergangener Jahrhunderte ist schon Vieles gesagt worden, dennoch kann dieser Prozess nicht genau beschrieben werden. Es ist unbestritten, dass die Qualität der Früchte aus dem reichen alleuropäischen Kulturgarten damals für das lettische Bauerntum nicht erreichbar war, und das war und bleibt bedauernswert. Aber wichtig ist auch die andere Seite der historischen Situation, nämlich die bildende Kunst war auch in den europäischen Ländern in den vorigen Jahrhunderten keine Sache für Bauern und einfache Leute auf der unteren und ärmsten Gesellschaftsstufe. Die bildende Kunst war für die vermögenden und gebildeten Menschen geschaffen, d.h. für ein Publikum, das diese Kunst bezahlen und mehr oder weniger verstehen konnte. Und wenn wir heute eine tiefere und vielseitige Vorstellung von Lettlands Kulturgeschichte schaffen wollen, wo keiner der Bestandteile des Kulturerbes missachtet wird, ist eine von unseren vielen Pflichten, die deutschbaltische Kunst und Kultur als einen der bedeutenden Bestandteile des baltischen Kulturerbes ohne nationale oder soziale Vorurteile anzuerkennen.

Die Literatur, in der wir Informationen über Kunst und Künstler in den vorigen Jahrhunderten in Kurland und Livland finden können, ist nicht besonders umfangreich. Als die wichtigsten Quellen sind immer noch die Werke von Romis Böms[1] und Wilhelm Neumann.[2] Und doch ist Vieles vom baltischen Kultur-

---
[1] Romis Böms, Apceres par Latvijas mākslu simt gados. Riga 1984.
[2] Wilhelm Neumann, Baltische Maler und Bildhauer des 19. Jahr-hunderts, Riga 1902. u. Das Lexikon baltischer Künstler, Riga 1908.

leben im Rahmen der obengenannten Publikationen unerwähnt geblieben. Um diesen ziemlich engen Kreis zu brechen, habe ich im Archiv Lettlands gearbeitet und habe dort Interessantes gefunden, das für mein Thema neue Anregungen und Kenntnisse gegeben hat. Als besonders wichtig möchte ich die Informationen betrachten, die wir in dem umfangreichen Archiv des Malers Julius Döring[3] gefunden haben. Leider ist dieses Material bisher zu wenig beachtet worden.

Deutschbaltische Kultur ist auf lettischem Boden gewachsen, aber sowohl die Samen als auch die Gärtner sind von fern hergebracht worden.

Beim Suchen nach Quellen, die im 18. und 19. Jahrhundert die Kunst und Kultur in Kurland und Livland bereichert haben, treffen wir in verschiedener Literatur besonders oft auf den Namen Dresdens, und das ist richtig.

Schon seit Anfang des 18. Jahrhunderts, seit der Herrschaft August des Starken, ist Dresden eines der bedeutenden Kulturzentren Europas. Seine Nachfolger haben Dresden noch mehr mit Kunstschätzen bereichert, und schon im 18. Jahrhundert wurde Dresden die erste Kunststadt Deutschlands. Johann Joachim Winckelmann[4] hat über August III. geschrieben: *„Es ist ein ewiges Denkmal der Größe dieses Monarchen, daß zur Bildung des guten Geschmackes die größten Schätze aus Italien, und was sonst Vollkommenes in der Malerei in anderen Ländern hervorgebracht worden war, vor den Augen der Welt aufgestellt sind. Sein Eifer, die Künste zu verewigen, hat endlich nicht geruhet, bis wahrhafte untrügliche Werke griechischer Meister, und zwar vom ersten Range, dem Künstler zur Nachahmung gegeben worden sind. Die reinsten Quellen der Kunst sind geöffnet, glücklich ist, wer die findet und schmeckt. Diese Quellen suchen, heißt nach Athen reisen; und Dresden wird ein wahres Athen für Künstler.* In der zweiten Hälfte des 18. Jahrhunderts war außer Düs-

---

[3] Staatsarchiv für Geschichte Lettlands, Bestand 2736 u. 5759.
[4] P. Schumann, Dresden. Leipzig 1909, S. 169-170.

seldorf die Dresdner Galerie die einzige Sammlung in Norddeutschland, wo man Werke der großen Maler Italiens und der Niederlande sehen konnte. Dresden war damals wie kein zweiter Ort Deutschlands ein Mittelpunkt der Kunst und Bildung.

Schon in der Mitte und der zweiten Hälfte des 18. Jahrhunderts ist in Dresden bürgerlicher Geist erwacht. Das Bürgertum begann, wenn auch noch lange nicht in der Politik, so doch in Wirtschaft und Kultur mitzureden. „Bürgerlicher Geist, der sich besonders als Neubesinnung auf die nationalen Kräfte darstellte, legte schon damals erste Keime zu jener Entwicklung, die Dresden zu einer neuen Kunstblüte führen sollte. Damit verbunden war ein Zurückdrängen des bis dahin auch hier bestimmenden Einflusses der höfischen Kultur Frankreichs. /... So stand dann auch die Neugründung der Kunstakademie im Jahre 1764 unter bürgerlichem Vorzeichen."[5]

Auch im 19. Jahrhundert war Dresden ein bedeutendes Kulturzentrum. Neidhardt hat in diesem Zusammenhang den Künstler Ferdinand Olivier zitiert: „Dresden, das man als Florenz anzusehen sich gefiel, ... kann gewissermaßen als der Herd betrachtet werden, wo das Feuer der neuen Kunstbegeisterung zuerst angefacht wurde und reichlich Nahrung fand."[6]

Man kann gut verstehen, dass dieses Zentrum ein interessantes Reiseziel für viele Kunstinteressenten, auch für Kurländer und Livländer, war. Ich möchte Sie auch daran erinnern, dass schon Ende des 17. Jahrhunderts Sachsen und Kurland ziemlich eng miteinander verbunden waren, als das kurländische Herzogtum dem König von Polen untergeordnet und August der Starke zum König von Polen gewählt worden war. Im 18. Jahrhundert aber hat das Kurländische Herzogtum auch seine relative Unabhängigkeit verloren und kam unter die russische Herrschaft. Aber auch in dieser Periode war in Kurland mehr Interesse an der bildenden Kunst zu spüren als in anderen baltischen Regionen. Im

---

[5] H.J. Neidhardt, Die Malerei der Romantik in Dresden. Leipzig 1976, S. 13.
[6] Ebenda S. 7.

Laufe des 19. Jahrhunderts kamen die wichtigsten Kulturimpulse für Kurland, mindestens für die Deutschbalten, noch immer aus Deutschland. Wenn wir die Quelle dieser Anregungen präzisieren, müssen wir feststellen, dass sie in Dresden entspringt.

Die Einflüsse aus Dresden haben Kurland auf verschiedenen Wegen erreicht. Es gibt Balten, die Malerei an der Dresdner Kunstakademie oder mindestens bei den Professoren der Akademie gelernt haben und danach in Dresden geblieben oder in die Heimat zurückgekehrt sind. Es gibt auch deutsche Künstler, die nach ihrem Studium nach Kurland oder Livland gekommen sind, um hier für kürzere oder längere Zeit ihre Existenz aufzubauen.

Nicht ohne Folgen sind auch für viele Kurländer die traditionellen Reisen nach Dresden und Besuche der Dresdner Galerie geblieben. In unseren Museen finden wir ziemlich viele Exponate, die von den Künstlern der Dresdner Schule geschaffen und die teilweise als Bestandteil unseres Kulturerbes zu betrachten sind, weil auf dem Wege vom Künstler bis zum Museum fast jedes von diesen Exponaten lange Jahre in Privatbesitz gewesen ist.

Zu jedem der obengenannten Punkte können wir viele Künstlernamen nennen, von sehr berühmten bis auf fast oder ganz vergessene. Ich habe meine Aufmerksamkeit hauptsächlich den Künstlern gewidmet, die in den letzten Jahrzehnten außerhalb des Interessenkreises der Kunsthistoriker geblieben sind. Als die wichtigste Persönlichkeit, die im 19. Jahrhundert sehr vieles für Kunst und Kultur in Kurland geleistet hat, möchte ich den Maler Julius Döring nennen.

Nach Wilhelm Neumann[7] wurde der Porträt- und Historienmaler Julius Döring am 19./31. August 1818 in Dresden geboren. Sein Vater war Schneidermeister. Sein Interesse und Talent für bildende Kunst dürften wohl sehr früh entdeckt worden sein, weil er schon im Alter von 12 Jahren (von 1830) in Dresden den Mittwochs- und Sonnabendunterricht der Akademie besuchte. 1838 wurde er Schüler von Eduard Bendemann (1811-1880;

---

[7] Neumann, Lexikon, (wie Anm. 2), S. 34-36.

1839-1855 Professor an der Akademie in Dresden). Schon im Jahr 1833 hat J. Döring (15 Jahre alt!) für sein Selbstbildnis von der Akademie eine Gratifikation (10 Reichsthaler) bekommen. Im selben Jahr hat er noch mehrere Bildnisse seiner Familienmitglieder gemalt.[8] In einem anderen Dokument aus Dörings Archiv - seinem Tagebuch[9] - finden wir Zeugnisse für seine Kontakte mit den kurländischen Adelsfamilien, und zwar vom 1843 bis 1845 haben Frl. Emilie v. Sacken aus Kurland und ihre Schwester Adele bei ihm Zeichenunterricht genommen. Im Jahre 1845 folgte Döring einer Einladung der Staatsrätin v. Klein zu einer Reise nach Kurland. Im Dezember traf er in Mitau ein. Aus dem geplanten Kurzaufenthalt ist dann der Entschluss entstanden, immer in Mitau zu bleiben.

Sein Leben und seine Arbeit in Mitau umfassen mehr als 50 Jahre (er starb in Mitau am 26. September 1898).

Dörings Tätigkeit in Mitau ist vielseitig und aktiv gewesen. Er hat vorwiegend in der Porträtmalerei gearbeitet und in seinem Leben mehr als 1.100 Porträts gemalt, von denen mehr als 1.000 in Mitau entstanden sind. Von diesen Porträts ist nur ein geringer Teil erhalten, und heute ist es praktisch unmöglich, eine vollständige Übersicht über sein Schaffen zu gewinnen.

„Die Porträts von J. Döring sind durch eine präzise Modelldarstellung und vor allem Betonung der positiven Eigenschaften des Modells unter Verkörperung einer bestimmten Typenreihe jener Zeit gekennzeichnet. Ein solches Vorgehen ist für die Biedermeierporträts charakteristisch. Somit kann J. Döring zu den Vertretern dieses Stils in der Porträtmalerei gezählt werden."[10]

J. Döring war auch auf dem Gebiet der Sakralmalerei tätigJ. Döring war auch auf dem GeSakralmalerei (mehr als 23 Altarbilder). Den Eintragungen in seinen Tagebüchern nach hat J. Dö-

---

[8] Julius Döring, Arbeitsbuch des Malers in Dresden 1833-88, Staatsar-chiv B. 5759, Beschreibung 3, Akte 1053, S. 2.
[9] Julius Döring, Tagebuch, Staatsarchiv B. 5750, Be. 2, Akte 1099, S. 4.
[10] D. Erdmane, Der Maler Julius Döring. Riga 1999.

ring auch mehrere Bilder mit historischer Thematik gemalt. In Lettland befindet jetzt nur noch eins – „Die Enthauptung Konradins von Hohenstaufen" (Museum für Ausländische Kunst; Öl auf Leinwand, 103,1 x 150,6 cm, 1871).

J. Döring hat seine Tätigkeit nicht nur in seinen Tagebüchern, sondern auch in anderen Schriften dokumentiert, was uns die Möglichkeit gibt, seinen Arbeitsprozeß zu rekonstruieren.

„In diesem Sommer (1854 - E.Š.) und zwar vom 22 Juni bis 10 Juli zeichnete ich eine Komposition, mit welcher ich mich schon lange herumgetragen und deren allerersten Entwurf ich schon am ersten Mai gemacht hatte, /.../, eine sehr figurenreiche Zeichnung. Der Gegenstand fesselte mich so, daß ich mich endlich /.../ entschloß, den Entwurf als Bild auszuführen; ich hatte schon so lange nichts ähnliches gearbeitet /.../ Vom 13ten bis 24 Oktober malte ich eine Farbenskizze, bei welcher ich schon welche Veränderungen in der Komposition anbrachte. Ohne einen Karton zu zeichnen, wozu ich mich eben nicht aufgelangt fühlte, begann ich den 31 Oktober die Aufzeichnung aufs Gute, und zwar auf eine Leinwand von 4 Fuß 9 1/3 Zoll Breite und 3 Fuß 3 1/2 Zoll Höhe /../" [11]

Und ein wenig später, im Jahr 1855:[12]

„Wie schon auf der S. 72 bemerkt, hatte ich die Komposition <u>Konradins Hinrichtung</u> den 31 Oktober vorigen Jahres auf die Leinwand zu zeichnen begonnen, war aber, andere dringenden Arbeiten wegen, nicht weit mit dem Bild gekommen, - jetzt als ich nach Johannis etwas freiere Zeit erlangt, nahm ich das Bild mit dem großen Eifer wieder vor, denn der Gegenstand entspricht gar sehr einem romantisch patriotischem Sinn. Ich fing den 19 Juni an / .. /. vom 24-ten machte ich Aktstudien, zum Teil nach

---

[11] Staatsarchiv, B. 5759, Be. 1110, Akte 36, S. 72.
[12] Ebenda, S. 94-95.

einem Soldaten, unserer Greete Mann, zum Teil standen mir mehrere meiner Bekannten /.../ Modell zu den Aktstudien; nach Rudolf und Marie Schmidt machte ich Stellungsstudien, nach letztere zeichnete ich die Köpfe vom Konradin, Friedrich v. Baden, dessen Gesicht man nicht sieht, und von Robert v. Flandern,- zu den Grenäderen hatte mir Eggink seine Gliederpuppe bereitwillig geliehen. Die Komposition zeigt allein 22 Figuren, die ganz sichtbar sind, die Zahl aller beträgt über 60, worunter allerdings auch manche nur durch einen halben Kopf repräsentiert sind. Sowie ich die Studien gemacht, trug ich solche gleich auf die Leinwand auf, zog die Konture mit Feder und Tinte aus und tuschte die Schatten mit bläulicher Ölfarbe hinein, wodurch eine kartonartige Ölzeichnung entstand, - aber noch ehe ich ganz mit derselben fertig war, begann ich die Untermalung der Landschaft und der eine obersten Figuren, was am 19 Juli geschah. Bis zum 23 August beschäftigte ich mich fast ausschließlich mit diesem Bild, so daß bis zu diesem Tage nicht nur die Landschaft und die vier Figuren (Konradin, Friedrich, Mönch und Junker) untermalt, sondern auch die Zeichnung der übrigen Figuren und somit auch die Hauptstudien zu denselben fertig waren. Jetzt trat eine Pause ein, die bis Ende September dauerte, wo ich Robert v. Flandern zu untermalen anfing. - abermalig Pause bis Mitte November, vom 13 bis 20 November untermalte ich noch 5 Figuren /.../ Später änderte ich mancherlei, namentlich die beiden Junkerknechte, von denen ich den älteren, der einen Schild über dem Knie zerbrach, ganz wegstrich /.../."

Im Jahr 1856 hat J. Döring das Bild vollendet. Und doch ist auf dem Bild ein anderes Jahr - 1871 - notiert. Bis zum Jahr 1871, d.h., 15 Jahre lang, ist das Bild nicht ausgestellt gewesen. Konradins Namen finden wir in Dörings Aufzeichnungen erst im Sommer 1871, das Bild ist geendet, wird nach Riga für eine Ausstellung gegeben (18.06.1871) und am 15.07.1871 zurückbekommen.

Diese nicht übereinstimmenden Jahreszahlen brauchen eine Erläuterung. Wir können hier nur eine von möglichen Vermutungen aussprechen. Es scheint fast unglaublich, dass nach der anstrengenden Arbeit in den Jahren 1854-1856, über die J. Döring so ausführliche Notizen gemacht hat, er im Jahre 1871 das Bild völlig umgemalt hätte (und ohne Notizen in seinen Tagebüchern!). Hier können wir mehr an irgendwelche nicht zu viele und nicht zu bedeutende Striche am Bild glauben. Und dann ist das Bild wirklich erst 1871 beendet, und J. Döring hat auf der Ausstellung ein neues Werk exportiert.... . Aber im Prinzip war das Bild praktisch schon früher fertig, d.h., müssen wir „Koradins Hinrichtung" doch als ein Werk nicht der 70er Jahre, sondern der zweiten Hälfte der 50er Jahre des 19. Jahrhunderts einschätzen. Und aus dieser Sicht ist vieles im Bild, was Anfang der 70er Jahre schon einen altmodischen Klang hatte - harte Zeichnung, theatralische Inszenierung, dramatische Geste und eindeutige Charakteristiken - wieder ganz zeitgemäß und der Dresdener Tradition entsprechend.

J. Döring hat parallel zur Malerarbeit auch auf anderen Gebieten Bedeutendes geleistet. Die von ihm gesammelten Materialien über baltendeutsche Künstler liegen dem von W. Neumann herausgegebenen Lexikon zugrunde. Er war auch im Kurländischen Provinzialmuseum tätig.

Von 1865 bis 1893 hat J. Döring als Sekretär und Bibliothekar der Kurländischen Gesellschaft für Literatur und Kunst gearbeitet. In seinem Archiv ist ein Brief von seinem Lehrer, Prof. E. Bendemann an J. Döring aufbewahrt, leider kein Original, sondern eine vom Empfänger angefertigte Kopie. Im Brief vom 21.07.1865, in Düsseldorf geschrieben, spricht E. Bendemann seinen Dank an J. Döring für seine Ernennung zum Ehrenmitglied der Kurländischen Gesellschaft für Literatur und Kunst aus.

Hier können wir uns unter anderem an Alexander Heubel (1813-1847) erinnern, einen weiteren Schüler Bendemanns. A. Heubel hat an der Dresdner und der Düsseldorfer Kunstakademie studiert, doch die Formsprache seines Schaffens gehört mehr dem Kreis der Düsseldorfer Schule an.

J. Döring hat in Mitau privat und auch am Gymnasium eine große Anzahl von Schülern im Zeichnen und Malen unterrichtet. Zu seinen Schülerinnen gehörten Elise Loudon, Helene Franken, bei ihm lernten auch Johann Walter-Kurau und Aleksandrs Romāns. Eine von seinen Schülerinnen war Ottilie von Bolschwing, die in W. Neumanns Lexikon nicht aufgenommen ist, und folglich ist ihr Name aus der Kunstliteratur verschwunden.

J. Dörings Materialien geben uns die unerwartete Möglichkeit, diese vergessene Kunstmalerin vorzustellen. Insbesondere darum, weil sie auch mit Dresden, nicht nur durch ihren Lehrer verbunden ist.

J. Döring schreibt: „Ottilie Bolschwing. Aus einem alten kurländischen Adelsgeschlecht. Geboren den 18. Juli 1818. Von 1846 bis Ende 1850 hat sie den Unterricht von J. Döring in Mitau genoßen. Am 6. Mai 1850 reiste sie nach Dresden, ward daselbst Schülerin von Prof. Ehrhardt und kehrte im Mai 1853 nach Kurland zurück, wo sie recht hübsche Bildnisse zeichnete und malte. /.../ Seit dem Jahr 1855 ist sie durch Kränklichkeit am Arbeiten gehindert, und seit dem Herbst 1858, wo sie nach Mitau zog, lebt sie in beinahe vollständiger Apathie. Im Sommer 1873 wollte sie ins Ausland zu ihren Verwandten in Moskau übersiedeln. Sie lebte im Februar 1874 auf Schloß Ruth in Steiermark. 1875 aber in Moskau, auch noch 1876. 1880 im Juni kam sie nach Mitau zurück, verbrachte die Sommer in Kandau und so abwechselnd bis 1884. Dann ist sie wieder nach Deutschland gezogen, am Ende lebte sie in Dresden und dort ist sie am 12./24. November 1889 gestorben."[13]

Im Staatlichen Kunstmuseum in Riga befindet sich ihr frühes Selbstbildnis (1852, Öl auf Leinwand, 62 x 53 cm), das während ihrer Studien in Dresden entstanden ist. Im Kunstmuseum gibt es auch ein späteres Selbstbildnis in Aquarell, mehrere Bildnisse

---

[13] Staatsarchiv, B. 5759, Be. 2, Akte 1011, S. 57.

und viele Studienzeichnungen nach Gipsen und Modellen. Ihre Porträtmalerei, besonders die der Selbstbildnisse, ist wirklich anziehend. Man kann annehmen, dass Bildnisse von Ottilie v. Bolschwing noch in Deutschland, in Russland oder auch in Lettland entdeckt werden können.

Eine andere von J. Dörings Schülerinnen, Elise von Jung-Stilling (1830-1904), ist als Zeichenlehrerin in Riga (1863-1895) bekannt, 1873 hat sie eine private Zeichenschule in Riga eröffnet. Auch E. Jung-Stilling lernte in Dresden.

J. Döring: „Sie ging im J. 1852 nach Dresden, wo sie 2 Jahre lang im Atelier des Prof. Erhard fleißig zeichnete und malte. Von dort zurückgekehrt, gab sie in Riga Zeichen- und Singstunden, und zeichnete Bildnisse."[14]

Als umfangreich und bedeutsam ist nicht nur für das damalige Kurland, sondern auch für das ganze baltische Kulturerbe J. Dörings Restaurierung alter Bilder zu bewerten. In seinen Aufzeichnungen finden wir Information über hunderte von Bildern, die von ihm restauriert sind. Ieva Lancmane, eine von unseren führenden Restauratorinnen, hat J. Dörings Arbeit bei der Restauration hoch eingeschätzt, und das ist das beste Zeugnis für seine Qualitäten auf diesem Gebiet.

Auf Grund der vorher genannten Aktivitäten kann Julius Döring als die bedeutendste Persönlichkeit für Kurlands Kultur in der zweiten Hälfte des 19. Jahrhunderts betrachtet werden.

Aber die Kunstanregungen, die aus Dresden nach Kurland, wie auch nach Riga gekommen sind, sind nicht nur mit Döring und seinen Schülern verbunden.

Josef Dominik Oechs (1776-1836), der in Dresden bei J. K. Klengel und A. Graff gelernt (1803) hatte, kam 1804 nach Mitau und war hier als Zeichenlehrer (1824-1836) tätig.

Im Jahre 1842 vom 1. bis zum 3. September fand in Riga die erste Gemäldeausstellung inländischer Künstler statt. Als erster ist im Ausstellungskatalog Baer aus Riga, gegenwärtig in Dres-

---

[14] Ebenda, S. 88.

den, mit sieben Bildern genannt. Mit dem Dresdener Kunstkreis waren auch andere Aussteller verbunden (E. Bosse, 1785-1862; T.H. Rickmann, 1810-1848; K.A. Senff, 1770-1838; F.G. v. Kügelgen, 1772-1820, F.W. Spohr (1797-1877; M.A. Michelson, 1815-1899 u.a.).

Johann Carl Baer (1801-1869) war der Urenkel von Georg Baer dem berühmten Erbauer der Frauenkirche zu Dresden. In Riga geboren, kam J.C. Baer 1824 nach Dresden, um sich hier als Maler auszubilden. Im September 1824 bezog er die Dresdner Akademie, doch gab er das Studium bald auf, um sich Friedrich Matthäus anzuschließen, der als Lehrer allgemeine Achtung genoss. Seit 1840 wirkte er als Lehrer an der Dresdner Akademie und wurde 1846 zum Professor ernannt. J.C. Baers schöpferische und pädagogische Tätigkeit wird auch heute anerkannt. H. J. Neidhardt betont seine Tendenz, das ästhetische Dogma des Nazarenertums, dem er nur zeitweise und in loser Bindung anhing, zu überwinden. In seiner Malerei sind auch die Einflüsse der zeitgenössischen französischen Malerei (C. Corot, H. Vernet), der Düsseldorfer Romantik und der belgischen Historienmalerei zu sehen.

Seinen Freund, den javanischen Prinzen Raden Saleh Ben Jaggia, hat J.C. Baer 1843 im Glanze seines javanischen Kostüms, mit Turban und kostbarem Dolch im Gürtel vor einer tropischen Landschaft gemalt.

Bei J.C. Baer lernte Michael Alexander Michelson das Malen sowohl in Riga als auch an der Dresdener Akademie (bis 1837). Er hat lange (1847-1891) als Zeichenlehrer am staatlichen Gymnasium in Riga gearbeitet und war bei der Organisation inländischen Kunstausstellungen tätig. In seinem Hause in Riga unterhielt er 17 Jahre lang eine permanente Ausstellung. Er malte gerne Landschaften, die seiner romantischen Stimmung der Landschaftsmalerei der Dresdener Akademie nahe stehen und auch heute bemerkenswert sind (Landschaft mit dem Fluss, 1880, u.a.).

Durch die Tätigkeit des Künstlers Gottlob Alexander Sauerweid d. Ä. (1783-1844) sind Kurland, Dresden und St. Petersburg in enge Verbindung gekommen. Der talentierte Kurländer lernte seit 1806 an der Dresdner Kunstakademie. Seine Radierungen von Kriegsszenen, mit vorzüglichen Pferdedarstellungen haben schnell Anerkennung gewonnen. 1814 wurde er vom Zar Alexander I. zum Lehrer der kaiserlichen Kinder berufen. Im Jahre 1824 ernannte ihn die Petersburger Kunstakademie zu ihrem „freien Mitglied", und 1831 wurde er als stellvertretender Professor an der neu eröffneten Klasse für Tier- und Schlachtenmalerei angestellt. Damit können wir feststellen, dass er praktisch der Begründer einer realistischen Richtung in der bisher nur klassizistisch ausgerichteten Akademie war. In seiner Klasse lernte ein anderer Balte, Georg Wilhelm Timm (1820-1895), der in Russland vor allem durch seine Graphiken, in Deutschland durch seine Majolikamalerei bekannt geworden ist. Leider ist er heute außerhalb Lettlands unbekannt.

Vergessen ist leider auch Johann Ferdinand Blaschewitz (auch Blazewicz), der als einziger von den Balten in Dresden bei dem berühmten Johann Christian Clausen Dahl (1788-1857) das Malen gelernt hat.

W. Neumann: *„J. F. Blaschewitz. Landschaftsmaler. Geb. 3.April 1804 in Mitau,- gest. 22. Aug. 1866 in Riga, wurde Schüler des Malers Dominikus Oechs und ging 1829 nach Dresden, wo er bis 1834 Schüler des Prof. Dahl war. Von Dresden begab er sich zu weiterer Ausbildung nach München, besuchte Tyrol und kam 1837 nach Mitau zurück, liess sich aber im folgenden Jahre in Riga nieder. Sein künstlerischer Nachlass ging durch Kauf in den Besitz des Mitauer Museums über."*[15]

Bei J. Döring finden wir weitere Informationen, die er von Blaschewitzs Freund, Maler G. Lischewitz, bekommen hat. *„In Dresden unter spezieller Aufsicht des berühmten norwegischen Professor Dahl, der nicht nur alle seine Studien überwachte,*

---

[15] Neumann, Lexikon, (wie Anm. 1), S. 15.

sondern auch mit wahrhaft väterlicher Liebe sich des jungen Malers annahm, verweilte er 5 Jahre an diesem Ort, von wo er öftere Ausflüge nach der nahen sächsischen Schweiz unternahm, und stets eine reich gefüllte Mappe mit ausgeführten Studien /.../ mitbrachte. Von Dresden ging er nach München, dann nach Tyrol. /.../ Nach 8 Jahren kehrte er in seine Vaterstadt zurück, hoffend, die angeeigneten und ausgebildeten Fähigkeiten auszunutzen. Leider ging das nicht in Erfüllung, er verließ Mitau und siedelte nach Riga über. Aber auch hier war ihm das Glück nicht hold.[16]

J. Blaschewitz hat auch an den Ausstellungen einheimischer Künstler teilgenommen und im Jahre 1853 (3. Ausstellung) acht Bilder vorgestellt („Ein Wasserfall aus dem baierischen Tyrol; Eine Herbstlandschaft; Ansicht von Dresden; Eine Landschaft, nach Klengel, Der Plauensche Grund bei Dresden", und drei Bilder, die „Eine Ruine" darstellen), im Jahre 1859 zwei Bilder („Der Eingang zum Plauenschen Grunde bei Dresden" und „Felsenpartie").

Das Staatliche Kunstmuseum besitzt eine Reihe von Blaschewitzs Studien. Hier finden wir Kopien nach Dahls Werken, mehrere Ansichten von Dresden, von der Sächsischen Schweiz u.a. Mehrere Studien sind datiert, Ende Juli 1830 entstanden mehrere Studien vom Rabenauer Grund bei Dresden.

Eine seiner Studienreisen nach München und in die Umgebung bis weiter in den Süden dokumentieren mehrere Skizzen, die vom Mai bis Juli 1832 geschaffen sind („Bei Hohenschwangau, 06.07.1832", „Rheinfall bei Schaffhausen, 24.07.1832" u.a.).

In J. Blaschewitzs Landschaftsstudien finden wir die für Dresden so typische romantisch-realistische Naturauffassung. Sehr interessant sind mehrere von seinen Studien, die eine und dieselbe Ansicht bei verschiedenen Beleuchtungen zeigen, wo wir nicht nur sein Interesse für die Lichtprobleme und Farbe se-

---

[16] Staatsarchiv (wie Anm. 13), S. 51-53.

hen können, sondern auch etwas von des Künstlers Einsamkeit und sogar Melancholie fühlen. Bei diesen Studien müssen wir uns an Caspar David Friedrich erinnern, an seine große Naturtreue und feine Beobachtung, an seine Landschaften, wo der Maler die Natur selbst zum Ausdrucksträger romantischer Ideen erhob und Aussagen über den Menschen machte.

Auf Grund des Obengenannten können wir den bedeutsamen Einfluß der Dresdener Kunstakademie auf das baltische und besonders kurländische, Kulturleben im 19. Jahrhundert feststellen. Mit den Künstlern, die an der Dresdener Kunstakademie gelernt haben, sind nach Kurland und Livland nicht nur die professionellen Fertigkeiten, sondern auch hohe Kunstideale und zeitgenössische Naturauffassung gekommen. Besondere Bedeutung erlangte hier die romantisch-realistische Landschaftsmalerei. Auch mit ihrer Teilnahme an verschiedenen Kulturvereinen, mit ihren Aktivitäten an der Organisation von Ausstellungen und mit ihrem Zeichenunterricht haben diese Künstler zur Bereicherung der baltischen Kultur beigetragen.

DREI BALTEN IN DÜSSELDORF

DER BEITRAG DER MALER GREGOR VON BOCHMANN, EUGENE DÜCKER UND EDUARD VON GEBHARDT ZUR PROGRAMMATIK DER DÜSSELDORFER SCHULE

Carsten Sternberg

Unter dem Stichwort „Bochmann" erfährt man aus dem „Lexikon der Düsseldorfer Malerschule", dieser gehöre „neben E. Dücker und E. v. Gebhardt zu den drei Deutschbalten, deren künstlerische Leistungen für Düsseldorf gegen Ende des 19. Jahrhundert prägend waren". Ein kurzes, handfestes Urteil, versteckt in einem Nebensatz, dem ich mich aber - das Fazit meines Vortrags vorwegnehmend - anschließen kann, nachdem das Studium dieses neuen Nachschlagewerkes eine Fülle interessanter Einsichten gebracht hat.

Es ist angebracht, eingangs einige Worte über dieses Lexikon zu verlieren. Schon seine Herausgeberschaft verlässt den Rahmen des Üblichen: Das Kunstmuseum Düsseldorf mit der Düsseldorfer Traditionsgalerie Paffrath: eine publicprivate-partnership, die zudem von anderen Düsseldorfer Museen und Archiven unterstützt wurde. In fünfjähriger Arbeit hat ein Team von mehr als 100 Autoren unter der Leitung eines hochrangig besetzten wissenschaftlichen Beirates ein dreibändiges, zudem opulent mit Abbildungen ausgestattetes Werk herausgebracht, das auf ca. 1.400 Seiten 1.000 Künstler der Düsseldorfer Akademie ausführlich vorstellt und weitere 1.000 in Kurzform präsentiert. Der Zeitraum der Darstellung umfasst ein Jahrhundert, nämlich die Jahre 1819-1918. Selbstredend sind die wissenschaftlichen Angaben in Bezug auf Literatur, Biographie etc. lückenlos und auf dem neuesten Stand. Ich muss mich bei Ihnen, meine Zuhörerinnen und Zuhörer für das unverschämte Glück entschuldigen, das gesamte Material meines Vortrags aus einer einzigen Quelle schöpfen zu können, aber es ist ein vergebliches Unterfangen, jetzt, so kurz nach Erscheinen der Enzyklopädie, Neues auftun zu wollen. So erübrigt sich auch ein Anmerkungsapparat zum Vortrag mit dem schlichten Hinweis auf das Lexikon der Düsseldorfer Malerschule.

„Drei Balten in Düsseldorf" ist der Titel des Vortrags. Hätte es auch heißen können „Drei Balten in Karlsruhe?" Mit Sicherheit nicht! Warum eigentlich nicht? Die Karlsruher Akademie genoss in der zweiten Hälfte des 19. Jahrhundert einen hervorragenden Ruf. Viele Düsseldorfer Professoren wechselten nach Karlsruhe (Schirmer, Lessing und andere). Was war das Besondere an Düsseldorf, was veranlasste eine große Zahl ausländischer Künstler (Amerikaner, Skandinavier und eben auch Deutschbalten) in das damals noch recht provinzielle Rheinland zu ziehen und sich in der etwas banausischen Stadt Düsseldorf (s. dazu die gängige Schumann-Literatur) der Kunst zu widmen?

Die Düsseldorfer Akademie wurde 1819 durch die preußische Regierung der Rheinprovinz neu gegründet, der Maler Peter Cornelius zu seinem ersten Direktor bestellt, sieben Jahre später folgte ihm der Berliner Wilhelm Schadow, Sohn des Direktors der Berliner Akademie, Gottfried Schadow, im Amt. Er prägte die Struktur der Akademie mehr als jeder andere. Diese ist nicht immer und nicht überall positiv gesehen worden. So heißt es in einem Zeitungsartikel zum 90. Geburtstag Oswald Achenbachs im Jahre 1905: „Dieses von Schadow etwas hartnäckig befolgte System brachte es trotz der verschiedenartigsten Anregungen nur zu einer gewissen Einseitigkeit - und mit pedantischer Gewissenhaftigkeit und akademischer Strenge musste der junge Künstler sich jahrelang mit Vorlagezeichnen und Gipsköpfen abquälen, statt Gelegenheit zu haben, seinen Feuergeist sprudeln zu lassen." Es ist verständlich, dass die Schadow´sche Ordnung nach einem

Dreivierteljahrhundert kritisch gesehen wurde. Aber worin bestand sie eigentlich?

Der Studienbetrieb gliederte sich in Düsseldorf in drei Klassen: die Elementarklasse, Eintrittsalter 12 Jahre, die damit unseren heutigen Jugendkunstschulen verwandt ist; die Vorbereitungsklasse, die auf vier Jahre angelegt war und das handwerkliche Rüstzeug vermittelte; schließlich die Klasse der ausübenden Eleven. Hier wurde in einem fünfjährigen Studiengang schon eine Spezialisierung auf bestimmte Fächer, etwa Historienmalerei, Landschaftsmalerei usw. erreicht. Nach absolvierter Ausbildung blieben die Schüler, zumindest die besseren, in sogenannten Meisterklassen weiterhin der Akademie verbunden. Sie betrieben schon eigene Ateliers und profilierten sich als eigenständige Künstlerpersönlichkeiten. Schadow hatte es also erreicht, dass von den ersten, noch im Kindesalter einsetzenden Ausbildungsversuchen bis hin zur reifen Meisterschaft eine starke Bindung an das Institut entstand, nach heutigen Marketingbegriffen eine hervorragende Leistung. Darüber hinaus ging Schadow noch einen Schritt weiter. Er eröffnete den Meisterschülern wirtschaftliche Perspektiven, indem er dem 1829 von ihm mitbegründeten „Kunstverein für die Rheinlande und Westfalen" eine stark kommerzielle Richtung gab. In jährlichen Großausstellungen und in zahlreichen, durch ganz Deutschland laufenden Ausstellungstourneen wurde ein Markt für die Künstler geschaffen, der es durchaus attraktiv erscheinen ließ, sich nach Düsseldorf zu begeben, sogar aus dem außereuropäischen Ausland, auch aus den skandinavischen Ländern und eben auch aus dem Baltikum.

Der älteste der von uns betrachteten baltischen Künstler in Düsseldorf war Eduard von Gebhardt. Er wurde 1838 in St. Johannis/Jerven (Estland) geboren und kam 1860, also 22jährig in die rheinische Stadt (zum Vergleich: Eugène Dücker, drei Jahre jünger, kam 1864 im Alter von 23 Jahren und Gregor von Bochmann, 1850 geboren, kam 1868 als 18jähriger). Um zu Gebhardt zurückzukehren: Er stammt aus einem orthodox-lutherischen Elternhaus, was zum Verständnis seiner Kunst erwähnenswert ist, und beginnt im Alter von 17 Jahren eine künstlerische Grundausbildung an der St. Petersburger Akademie. Zwei Jahre später bricht er zu einer Studienreise auf, die ihn über Düsseldorf nach Holland und Belgien führt, dann an die damals hochberühmte Karlsruher Akademie. Wien, München und Tirol sind weitere Stationen. Nach drei Jahren kehrt er nach Düsseldorf zurück und beginnt ein Privatstudium bei Wilhelm Sohn. Dieser war Spross einer weitverzweigten Künstlerfamilie; sein Onkel, Carl Ferdinand Sohn, leitete in Vertretung des erkrankten Akademiedirektors Schadow die Malklasse. Bei ihm und bei dem Historienmaler Theodor Hildebrandt hatte Wilhelm Sohn studiert. Das also war das künstlerische Milieu, in dem sich Gebhardt während seiner Ausbildung befand. Von Wilhelm Sohn zeige ich beispielhaft das Gemälde „Die Konsultation", 1866, heute im Leipziger Museum der bildenden Künste. Es handelt sich um eine Genreszene, deren Inhalt sich schon im Titel erschöpft. Sohn ist vielmehr daran gelegen, exakte Beschreibungen zu liefern: Die Personen werden in ihrer momentanen Situation erfasst und mit psychologisierender Exaktheit dargestellt. Dem Interieur wird größte Aufmerksamkeit gewidmet. Feinmalerische Darstellung von Textilien wie der Orientteppich und der Seidenbrokat auf dem Wandschirm geraten zu malerischen Bravourstücken. Gebhardt hat vieles von dem acht Jahre älteren Lehrer, mit dem er übrigens bis zu dessen Tod 1899 eng befreundet war, übernommen.

Im Gemälde „Christus und der reiche Jüngling", 1892, (Abb. 1), Kunstmuseum Düsseldorf, kann man dies gut nachvollziehen. Die Figuren sind im Hinblick auf die Situation ebenso wie auf ihre eigene momentane Gemütsverfassung deutlich charakterisiert - so wie Gebhardt es bei Sohn gelernt hatte. Ebenso findet man die Akkuratesse in der Wiedergabe des Ambiente und insbesondere der Textilien bestätigt. Zum Inhalt: Die Episode aus dem Leben Jesu wird bei dem Evangelisten Markus (Kap.10) erzählt: Der reiche Jüngling - im Bild unschwer zu erkennen an seinem Seidenbrokatgewand – fragt Jesus, was er tun könne, um das ewige Leben zu erreichen, und erhält den für ihn unerfreulichen Rat, sich von seinem Reichtum zu trennen. Gebhardt geht mit dem Bibeltext frei um. Er verlegt die Handlung in eine Scheune und gerät damit sehr in die Nähe von niederländischen Genreszenen des 17. Jahrhunderts. Ebenso lässt er den Jüngling in Rembrandtesker Typisierung auftreten, während die Jünger eher Dürer'sche Züge tragen. Das zuhörende Volk – in der Bibel gar nicht erwähnt – erinnert an den Opernchor eines mittleren Stadttheaters.

„Die Auferweckung des Lazarus", 1896, Kunstmuseum Düsseldorf, folgt dem Johannes-Evangelium, Kap.12: „Da hoben sie den Stein ab, da der Verstorbene lag ... Und der Verstorbene kam heraus, gebunden mit Grabtüchern an Füßen und Händen und sein Angesicht verhüllt mit einem Schweißtuch." Auch hier dirigiert Gebhardt die Szene wiederum frei, er fasst verschiedene Momente im Ablauf des Geschehens zusammen (die vorausgegangene Bitte Marthas und das Aufwachen des Lazarus), er gruppiert Personen zu Handlungseinheiten. Gebhardt beherrscht das Repertoire zur Inszenierung von Historienbildern meisterhaft, sein Fundus an Requisiten verschiedenster Epochen ist groß, seine psychologisierende Typisierung der handelnden Personen greift sicher. Kein Wunder, dass einem immer wieder das Theater in den Sinn kommt, kein Wunder auch, dass Gebhardt in einer theaterbegeisterten Zeit Erfolg hat. Gebhardt wird 1874 Nachfolger des Historienmalers Theodeor Hildebrandt als Leiter der Düsseldorfer Malklasse, er wird auf den Weltausstellungen 1873 in Wien, 1878 und 1900 in Paris, 1904 in St. Louis, 1910 in Brüssel gefeiert und erhält zahlreiche Goldmedaillen. Große Aufträge zur Ausmalung von Kirchen folgen ab 1884. Um nur einige zu nennen: das Klosterrefektorium in Loccum und die Friedenskirche in Düsseldorf. Zwei Ehrendoktorwürden, die Ehrenmitgliedschaften der Akademien Berlin, Dresden, Antwerpen, Brüssel und Wien zeugen von seiner weltweiten Anerkennung.

Sein Werk ist auf die religiöse Historienmalerei protestantischer Prägung fixiert. Er hat damit diesem Fach eine neue inhaltliche Ausrichtung gegeben und die Fesseln humanistischer Bildungsabfrage gesprengt. Es ist ihm zu verdanken, wenn die Historienmalerei in seiner Nachfolge freier wird und sich ihre Themen außerhalb eines festgeschriebenen Kanons suchen kann. Einer seiner Schüler ist Arthur Kampf (1864 in Aachen geboren, 1950 gestorben). Er wurde einem größeren Publikum bekannt mit dem Bild „Die letzte Aussage", 1886, Kunstmuseum Düsseldorf, welches insbesondere durch die Charakterisierung des ungerührt und teilnahmslos protokollierenden Polizisten angesichts des Sterbenden die Gemüter erhitzt hat. Ausgehend von einer realen Begebenheit, führt Kampf hier die historische Darstellung in den Bereich des Genrebildes, was ja auch schon sein Lehrer Gebhardt praktiziert hatte. Kampf hat später mit Themen aus der jüngeren preußischen Geschichte großen Erfolg gehabt. Bekannt geblieben sind die Gemälde „Der Choral von Leuthen", „Einsegnung von Lützows Schwarzen Freiwilligen" und andere. Kampfs Verherrlichung von Preußens Gloria gefiel später den Nationalsozialisten, die ihn mit der Aufnahme in die „Liste der Unsterblichen" eine zweifelhafte Ehre zuteil werden ließen.

Eugène Dücker wurde 1841 in Arensburg/Kuressaare auf der Insel Ösel geboren und erhielt seine erste Ausbildung zu Hause durch den Landschaftsmaler F.S. Stern. Wie Gebhardt ging er nach St. Petersburg, wo er als 17jähriger mit dem Akademiestudium begann und vier Jahre blieb. Mit einem sechsjährigen Stipendium reiste er ab 1863 nach Deutschland, in die Schweiz, nach Holland, Belgien und Frankreich. Seine Erfahrungen hatten ihn schon 1872 so sehr profiliert, dass man ihm in Düsseldorf eine Professur als Nachfolger von Oswald Achenbach antrug. Er war damals 31 Jahre alt.

Oswald Achenbach, 1827 in Düsseldorf geboren, seit seinem 8. Lebensjahr Schüler der dortigen Akademie, wurde 1863 also mit 36 Jahren Professor und leitete die Landschaftsklasse. Wenn er auch ein wenig im Schatten seines älteren Bruders Andreas stand, gehört er doch zu den bedeutendsten Landschaftern seiner Zeit. Noch in der Romantik verwurzelt, gibt er seinen Darstellungen durch lebhaftes Kolorit, kontrastreiche Lichtführung und nicht zuletzt durch die Wahl sensationeller Landschaftskulissen einen starken Auftritt. Mit Vorliebe wählt er italienische Schauplätze, wie das hier gezeigte Bild „Küstenszene in Oberitalien" von 1847.

Eugène Dücker setzt dem eine Bescheidenheit der Ausdrucksmittel entgegen, die in seinem Gemälde „Am Strand" von 1872 gerade im Vergleich mit Achenbachs Küstenszene die viel modernere Auffassung Dückers deutlich macht. Der Horizont in Dückers Bild ist gerade, wird nur einmal unmerklich durch die Silhouette eines Dampfers unterbrochen. Der Himmel besteht aus einem blassblauen, fast monochromen Rechteck, welches drei Fünftel der Bildfläche einnimmt. Dramatische Wolkenformationen fehlen. Der Strand muss ohne gefühlsschwangere Requisiten wie bizarre Felsen und vom Sturm zerzauste Bäume auskommen. Es geht eine wohltuende Ruhe von dem Motiv aus. Begriffe wie Zeitlosigkeit kommen einem in den Sinn. Im Gemälde „Die Ernte" (Abb. 2) von 1866, Kunstmuseum Düsseldorf, lässt Dücker eine Beeinflussung durch die Freiluftmalerei der Schule von Barbizon erkennen, mit deren Künstlern er möglicherweise auf seiner Frankreichreise Kontakt bekommen hat. Auch hier dominiert das Unspektakuläre. Frauen binden Ähren zu Garben, das Kornfeld grenzt an einen Weg, rechts davon einige Bäume auf ansteigendem Terrain. Keine Romantik, keine großen Gesten. Das ist das Eigentümliche an seinen Bildern: Man sehnt sich in sie hinein. Ähnlich der „Waldweg" von 1876, Kunstmuseum Düsseldorf: Eine schlichte Sommerszene. Sonnengewärmt der Mittelgrund mit der kleinen Staffagefigur; im kühlen Schatten der Bäume liegt der Vordergrund. Die Komposition beruht auf zwei Diagonalen, die eine, von links unten, läuft über die Findlinge und setzt sich im Berghang des Hintergrunds fast unmerklich fort.

Die andere besteht nur aus hellen Bildstellen, die das Sonnenlicht und der durch die Bäume sichtbare Himmel bilden. Ein anderes Gemälde aus dem Besitz des Kunstmuseums Düsseldorf mit dem Titel „Torfmoor" von 1902 greift die durch die flache Landschaft der Norddeutschen Tiefebene vorgegebene Einfachheit der Komposition wieder auf. (Abb. 3) Himmel und Moor erscheinen als zwei übereinander geschichtete Rechtecke, nahezu gleich groß, gegliedert durch korrespondierende Kumulusformationen, oben die Wolken darstellend, unten die Struktur der Mooroberfläche. Das Licht ist wie im Strandbild hell, aber diffus.

Dückers bevorzugte Motive sind in der norddeutschen Landschaft beschlossen: Die Oldenburger Heide, die Nord- und Ostseestrände, die Insel Sylt geben ihm die unsensationellen Vorlagen, wie er sie liebte. So etwa sein „Seestück" von 1907, Kunstmuseum Düsseldorf. Ein Fischer in kleinem Kahn als Rückenfigur und wieder die waagerechte Teilung des Motivs in zwei nahezu gleich große Flächen. Im Alter wird seine Pinselführung immer pastoser, aber das ist auch ein Trend der Zeit, schließlich sind wir schon in der Epoche des Neo-Impressionismus angelangt. Um einen Eindruck seiner Palette zu gewinnen, müssen wir uns auf farbige Abbildungen verlassen, die zumal in der Reproduktion nur bedingt aussagefähig sind. Soviel lässt sich jedoch sagen: Auch die Komposition der Farbvaleurs ist diszipliniert und tendiert zur Monochromie. Ich zeige hier ein Seestück, „Die Ostsee bei Flensburg", 1893, aus dem Städtischen Museum Flensburg.

In einem gewissen Gegensatz dazu stehen die Arbeiten, die er im Harz ausgeführt hat. Vielleicht brauchte er diesen Kontrast, um wieder zur Ruhe der Flachlandmotive zu finden. Ich zeige in schneller Folge eine „Waldstudie", eine „Studie mit Felsen" und „Birkenstämme", alles undatierte Arbeiten aus dem Besitz des Düsseldorfer Kunstmuseums. Es scheint aber, dass seine künstlerische Leidenschaft den stillen Motiven der Küste galt wie etwa dem „Strand mit Boot" oder der Rückenfigur einer friesischen

Fischerfrau, ebenfalls zwei Arbeiten aus Düsseldorfer Museumsbesitz.

Dücker gilt als einer der bedeutendsten Landschafter der Düsseldorfer Schule in der zweiten Hälfte des 19. Jahrhunderts. Man kann sich die Begeisterung vorstellen, die seine moderne Auffassung auslöste, wenn man die stimmungsmäßig aufgeladenen Bilder seines Vorgängers Oswald Achenbach im Auge hat. Dücker hatte denn auch viele Schüler; die meisten Landschaftsmaler der nächsten Generation geben an, bei ihm gelernt zu haben. Ich will nur einige wenige erwähnen.

Olof Jernberg war Privatschüler bei Dücker. Der Vater, August Jernberg, ein gebürtiger Schwede, hat den Markt in Düsseldorf gemalt, wie er überhaupt an Genreszenen starkes Interesse zeigte. Ich bringe das Bild hier, weil es eine heitere Quelle zum Lokalkolorit Düsseldorfs in den 70er Jahren ist.

Eugen Kampf, der Bruder des schon erwähnten Arthur Kampf, welcher als Historienmaler Gebhardts bedeutendster Schüler war, hat sich ganz der Landschaftsmalerei zugewandt. Er ist aus der Dücker-Schule hervorgegangen und hat die moderne Auffassung seines Lehrers weiter kultiviert. Seine „Kartoffelernte" von 1892 im Besitz des Kunstmuseums Düsseldorf ist in der unprätentiösen Art der Darstellung vergleichbar mit Dückers Erntebild von 1866, wenngleich nahezu ein Vierteljahrhundert dazwischen liegt, sein Bild „Am Strand" mag für seine Vorliebe für die einfachen Landschaften Flanderns und des Niederrheins stehen, die er mit Dücker teilte.

Helmut Liesegang, geboren 1858 in Duisburg, gehört ebenfalls in die Schülerschaft Dückers. „Herbstblumen am Gartentor" heißt ein kleines Gemälde, welches die Richtung bezeichnet, die Dücker eingeschlagen hatte: Weg von der großen Attitüde. Die Gefahr besteht allerdings, dass am Ende Belanglosigkeit steht.

Walter Ophey, 1882 in Eupen geboren, war Meisterschüler von Dücker. Er findet über seinen Lehrer zum Impressionismus. Sein Ölgemälde „Sommertag" ist ein gutes Beispiel dafür. (Siehe den verblauten Schatten des Baumes.) Gleichzeitig kündigt sich etwas anderes an: Ophey hat 1911 in Paris den Kubismus kennen gelernt, der in Arbeiten wie dieser schon latent vorbereitet war. Nach dem Ersten Weltkrieg war Ophey an der Gründung des „Jungen Rheinland" maßgeblich beteiligt, jener Künstlergruppe, die dem deutschen Expressionismus die sozialkritische Variante des Rhein-Ruhr-Industriereviers hinzufügte. Zum „Jungen Rheinland" gehörte auch Hans Rilke, der junge Maler aus Rheydt, der Anfangs ganz in der Art Dückers seine niederrheinischen Landschaften malte. Das Bild ist heute im Besitz des Museums Schloss Rheydt.

Ein weiterer Schüler Dückers darf nicht unerwähnt bleiben, weil er vor dem Ersten Weltkrieg zu den bedeutendsten Persönlichkeiten der Düsseldorfer Kunstszene gehörte und noch heute in Museumssammlungen und auf dem Kunstmarkt hohe Wertschätzung genießt. Es ist der 1880 in Neuss geborene Max Clarenbach. Mit 13 Jahren auf die Akademie gekommen, war er 1897, als er Dückers Malklasse besuchte, schon ein alter Hase. Mit 20 hatte er in Vlissingen ein eigenes Atelier und entwickelte weiter, was von Dücker in ihm angelegt worden war: eine Vorliebe für die flache Landschaft Seelands und des Niederrheins, für Hafenszenen und Flusslandschaften. Ich zeige hier sein Bild „Der stille Tag" von 1902, Kunstmuseum Düsseldorf. 1913 gründete Clarenbach die Künstlergruppe „Die Friedfertigen", 1917 trat er die Nachfolge Dückers als Professor und Leiter der Landschaftsmalklasse an.

Gregor von Bochmann, der jüngste der drei Balten in Düsseldorf, wurde 1850 auf Gut Nehat in Estland geboren. Er war somit 12 Jahre jünger als Eduard von Gebhardt, der Älteste des Dreigestirns, kam aber schon 1869 nach Düsseldorf, um dort bei Oswald Achenbach Landschaftsmalerei zu studieren. 1871 beendete er seine Studien, um ein eigenes Atelier zu eröffnen. Wir erinnern uns: Eugène Dücker wird ein Jahr später die Professur von Achenbach übernehmen. Bochmann muss in seinem Atelier ziemlich erfolgreich gewesen sein, die große Zahl seiner Arbeiten belegt es. Er konnte sich auch viele Studienreisen leisten - nach Holland, Belgien und in seine baltische Heimat. Seine erste Ausbildung hatte Bochmann bei T. Sprengel in Reval/Tallinn erhalten. Daran schloss sich die schon erwähnte zweijährige Lehre bei Achenbach an. Mit 21 ist er selbständig. Er malt bis zu seinem Tod. Mit 80 Jahren stirbt er 1930 in Ratingen bei Düsseldorf. Wie Eugène Dücker bevorzugt Bochmann die norddeutschen und niederländischen Landschaften mit ihrer klaren Ordnung, dem weiten Horizont, der Ruhe und der melancholischen Grundstimmung. Im Unterschied zu Dücker gibt er jedoch den Menschen in seinen Bildern mehr Raum. Sie sind mehr als nur Staffage, sie agieren in der Landschaft, sie gehören zur Landschaft, und sie bilden eine Einheit mit der Landschaft. Hier bezieht er sich auf seinen Lehrer Oswald Achenbach, der dies ebenso handhabte. Als kleine Werkauswahl zeige ich zunächst eine farbige Reproduktion: „Fischer am Strand". Bei aller Gemeinsamkeit mit Dücker im Bereich der Komposition – das Bild besteht im Wesentlichen aus zwei Rechtecken: Himmel und Strand – fällt das bei weitem lebhaftere Kolorit auf und natürlich, dass die Menschen am Strand, ihr Tun und ihre Werke in einem fein austarierten Verhältnis zu der Landschaft sind. Genrehaft Erzähltes mischt sich mit beobachtendem Realismus. Diese Ausgewogenheit verschiedener Elemente ist typisch für die Schilderkunst - um einen niederländischen Begriff zu nutzen - des Gregor von Bochmann, vielleicht auch für seinen anhaltenden Erfolg. Das Gemälde „Alter Fischermarkt in Reval", 1886, Kunstmuseum Düsseldorf, ist nach denselben Prinzipien aufgebaut, nur läuft hier alles etwas bewegter ab. Die Szene erinnert stark an niederländische Genrebilder des 17. Jahrhunderts und wird wohl auch von Eindrücken herrühren, die Bochmann in den Niederlanden gewonnen hat. Ähnlich geht es auf dem „Estnischen Marktplatz" (Abb. 4) zu oder auf dem „Pferdemarkt in Neuss", im Jahre 1900 entstanden; da war Bochmann schon 50 Jahre alt. Sein pastoser

Pinselstrich, immer in alla prima gesetzter Manier sicher aufgetragen, ist sehr malerisch geworden, genau wie in der Skizze „Bauer mit Pferd", das in der weitgehenden Auflösung an Lovis Corinth erinnert, der zusammen mit Liebermann und Slevogt den deutschen Spätimpressionismus markiert. An Franz v. Lenbach mag der Hirtenknabe erinnern, der Lenbach'sche ist von 1860, der von Bochmann'sche von 1872. Den Schluss der kleinen Werkauswahl (alle Originale befinden sich im Düsseldorfer Kunstmuseum) bildet das kleine Bild „Getreideernte" (Abb. 5), welches den gleichen Geist atmet wie Dückers „Ernte" von 1866 oder die kleine Landschaft von Hans Rilke. Bei allen Unterschieden gibt es immer wieder Berührungspunkte zwischen den Malern, die dann das typisch Düsseldorferische darstellen

Martina Sitt beschreibt im Vorwort des Lexikons der Düsseldorfer Malerschule ebenfalls das Spezifische dieser Schule und zitiert dabei Max Liebermann, der in seinen „Gesammelten Schriften" 1922 die etwas unverschämte Behauptung aufstellt, die Gemälde der Düsseldorfer hätten „ohne Wesentliches einzubüßen, auch grau in grau gemalt sein (können); ja reproduziert erscheinen sie koloristischer als im Original, weil die Reproduktion die Feinheit der Charakteristik wiedergibt, während die Mängel in der Farbe, die dem Original anhaften, verschwinden". Obschon dies natürlich eitler Unsinn ist, lohnt es sich, darüber nachzudenken. Von ca. 1870 bis zum Ersten Weltkrieg, also in der zweiten Hälfte des im Lexikon bearbeiteten Zeitraums, haben die Düsseldorfer Künstler sich mit dem in Frankreich entstehenden und ab der Jahrhundertwende auch in Deutschland Fuß fassenden Impressionismus auseinanderzusetzen, welcher der Farbe natürlich einen herausgehobenen Stellenwert zumisst. Die Düsseldorfer haben andere Schwerpunkte gesetzt, und die drei Balten haben das Ihre dazu beigesteuert. Eduard von Gebhardt hat dem Fach der Historienmalerei, das freilich seinen Höhepunkt schon überschritten hatte, eine neue inhaltliche Komponente hinzugefügt, die protestantische Bibelinterpretation; gleichzeitig hat er in seinem Fach Verengungen des Blickwinkels beseitigt und damit der Historienmalerei auch in einer auf ihn folgenden Generation noch einmal die Möglichkeit zur Innovation eröffnet. Eugène Dücker hat die Landschaftsmalerei aus den Fesseln romantischer Gefühlsbefrachtung befreit und für eine Modernisierung des Fachs gesorgt. Sein Verdienst ist es, bewiesen zu haben, dass alle Landschaften in deren Kunst dargestellt werden können und das aus althergebrachten Kriterien der Kunstwürdigkeit, wenn sie nicht mehr greifen, Neues sich entfalten lasse. Die vielen Schüler Dückers, die jeder für sich einen anderen Weg gegangen sind, belegen dies.

Gregor von Bochmann ist unter den dreien am wenigsten schulbildend. Es war wohl auch nicht seine Art. Indem er die neue Kultur der Landschaftsmalerei an konservativen Direktiven eines Achenbach und auch an den alten Niederländern maß, gelangen ihm Werke von großer Schönheit.

Die Düsseldorfer Akademie hat von ihren drei baltischen Künstlern profitiert – und diese von Düsseldorf.

Abb. 1 Eduard von Gebhard.
Der reiche Jüngling. 1892

Abb. 2   Eugene Dücker.
Die Ernte, ca. 1866

Abb. 3   Eugene Dücker.
Torfmoor, 1902

Abb. 4　Gregor von Bochmann.
Estnischer Marktplatz

Abb. 5 Gregor von Bochmann.
         Getreideernte

ALTARGEMÄLDE DER DÜSSELDORFER SCHULE IN ESTLAND

Tiina Abel

In diesem Vortrag befasse ich mich mit Altarbildern in estnischen Kirchen die von Künstlern der Düsseldorfer Schule gemalt worden sind. Erhalten sind heute rund 15 Gemälde. Einige davon sind Kopien von Werken anderer Künstler. Der Autorenkreis der Altarbilder ist nicht umfangreich, die Bestellungen gingen an fünf Maler: Eduard von Gebhardt, Theodor August Sprengel, Rudolf von zur Mühlen, Tönis Grenzstein und Ants Laikmaa. Nur Gebhardt können wir unter ihnen für einen wahren Meister der Kirchenkunst halten, mit gewissen Einschränkungen kommt vielleicht auch Tönis Grenzstein in Frage. Die beiden haben jeweils zumindest ein respektables Werk für Estland gemalt. Den Großteil der Altargemälde nach Düsseldorfer Art haben also zweitrangige Durchschnittsmaler geschaffen, denen es kaum gelungen wäre, sich unter den Bedingungen einer stärkeren Konkurrenz in einer Kunstmetropole hervorzutun.

Diese Tatsache darf aber unser Interesse an ihrem Schaffen nicht dämpfen. Wie bekannt, hat man es bis heute aufgegeben, Abhandlungen über die Kunst der Avantgarde zu verfassen. Der Wunsch, die Kunstbewegungen dieser Zeit als einheitlich funktionierenden „Organismus" verschiedener Einwirkungen zu betrachten, hat Randerscheinungen in den Mittelpunkt der Aufmerksamkeit gerückt. Die provinziellen Variationen großer Stile und Schulen werden nicht mehr als Profanisierung von Stilen, sondern als beachtliches Potential der Stile eigener Entwicklungen angesehen. Diese Feststellung dürfte uns beim Verstehen des Schaffens der estnischen Düsseldorfer behilflich sein.

Nachstehend möchte ich den Einfluss der Düsseldorfer Schule auf die estnische Kunstszene der zweiten Hälfte des 19. Jahrhunderts kurz charakterisieren.

Wie bei anderen nationalen Malerschulen, so besitzt auch der estnische Realismus des 19. Jahrhunderts seinen Prolog, seine Glanzperiode und seinen Ausklang. Die konsequentesten Träger der Traditionen der realistischen Darstellungsart in der estnischen Kunst waren bekanntlich die zur Düsseldorfer Malerschule gehörenden Meister, deren Leistungsgipfel in die 70er bis 90er Jahre des 19. Jahrhunderts fiel. Der intensive, wenn auch kurzzeitige Aufschwung des estnischen Realismus war im Vergleich mit den anderen Schulen arm an Varianten. Der Stil des Realismus wurde mit einer geringen Verspätung erreicht und das Wesen dieser Zeit beinahe vollständig von der Düsseldorfer Schule bestimmt. Einerseits gaben die Düsseldorfer Meister der estnischen Kunst Vorbilder, andererseits blieb deren stilistische Entfaltung dank dem mächtigen Durchbruch dieser Schule recht eintönig. Um die Wende des 19. zum 20. Jahrhunderts begann in der estnischen Kunst ein mit dem Aufkommen moderner Stilrichtungen verbundenes „Anhäufen" von Stilen, und der Düsseldorfer Realismus nahm an Bedeutung ab.

Das glänzende Beispiel für die Kirchenkunst der Düsseldorfer Schule in den estnischen Kirchen ist das Schaffen Eduard von Gebhardts. Das Altargemälde Eduard von Gebhardts „Christus am Kreuz" im Dom zu Reval bedeutet die Ankunft der Prinzipien des idealistischen Naturalismus der Düsseldorfer Schule im estnischen Kunstraum, die Einführung wesentlicher Kunstprobleme der zweiten Hälfte des 19. Jahrhunderts. Daher ist es allseitig begründet, die in den estnischen Kirchen befindlichen Altarmalereien des Künstlers hervorzuheben und ausführlicher zu behandeln.

Am 16. Oktober 1866 (alten Stils) schmückte eine beim deutschbaltischen Künstler Eduard von Gebhardt bestellte Altarkomposition „Christus am Kreuz" erstmalig den sonntäglichen feierlichen Gottesdienst im Revaler Dom. Auf Anraten des Künstlers Leopold von Pezold, der 1857 die Studienmöglichkeiten in der Düsseldorfer Kunstakademie flüchtig kennengelernt hatte, bestellte die Gemeinde des Doms zu Reval anstelle des zunächst gewünschten Retabels „Das Heilige Abendmahl" bei E.W. Londicer ein Altargemälde „Christus am Kreuz" bei E. von Gebhardt. Gebhardt hatte sich 1860 endgültig in Düsseldorf niedergelassen. „Christus am Kreuz" gehört in die erste wirkliche Schaffensperiode des Künstlers, die 1863 mit der Ausstellung des Gemäldes „Einzug Christi in Jerusalem" begann und mit schöpferischer Suche erfüllt war. In der bis 1870 währenden fieberhaften Schaffensperiode entstanden neben dem Altargemälde im Revaler Dom die Kompositionen „Die Auferweckung von Jairi Töchterlein" (1864) und „Das letzte Abendmahl" (1870, Nationalgalerie, Staatliche Museen zu Berlin).

Die Wirkung des Altarbildes im Revaler Dom strahlt sowohl in den estnischen als auch deutschen Kulturraum aus. „Christus am Kreuz" war eines der ersten Werke in Estland, welches in maßgeblicher Form Düsseldorf als Kunstzentrum und die dortige Malerschule der Öffentlichkeit vorstellte. Dank der schöpferischen Tätigkeit Gebhardts wählte so mancher angehende Kunstjünger die Düsseldorfer Akademie zum Ort seines Studiums (z.B. Rudolf von zur Mühlen und Tönis Grenzstein, Oskar Hoffmann, Paul Raud).

Andererseits war E. von Gebhardt bekanntlicherweise eine jener einflussreichen Künstlerpersönlichkeiten, die von den Kunstwissenschaftlern als ein Erneuerer der um die Mitte des 19. Jahrhunderts erstarrten nazarenischen Düsseldorfer religiösen Malerei angesehen wird. In Anbetracht der späteren Werke des Künstlers zeigt die Altarkomposition im Revaler Dom eine gewisse Entwicklungsschwäche, eine „Unreife", liefert aber Möglichkeiten zur tieferen Untersuchung der Arbeitsmethode, der geistigen Bestrebungen v. Gebhardts und der dazu verwendeten Stilmittel, wodurch das Entstehen des paradoxen „idealistischen

Naturalismus" in der Düsseldorfer religiösen Malerei der zweiten Hälfte des vorigen Jahrhunderts dargestellt werden kann.

Der erste wichtige Ausgangspunkt bei der Analyse des Altargemäldes im Dom ist das ikonographische Schema. Die Darstellung der Kreuzigung Christi auf Golgatha ist das verbreitetste Thema des Leidenswegs. Gebhardt hat um den leidenden Erlöser am Kreuz Gestalten versammelt, die auf Grund der Evangelientexte traditionsgemäß mit dieser Szene verbunden werden: Maria, die Mutter Christi, Johannes, den Lieblingsjünger, Maria Magdalena und Nikodemus (ein Mitglied des Synedriums, der mit dem Urteil des Gerichts über Christus nicht einverstanden war). Somit ist um das Kreuz jener Personenkreis dargestellt, der mit kleineren Abwandlungen dort stets zu finden ist. Ungewöhnlich und bedeutungsvoll ist jedoch die Episode, die der Künstler für seine Darstellung gewählt hat - es ist der im Johannes-Evangelium festgehaltene Augenblick, der die letzte Liebes- und Fürsorgetat des Erlösers seiner Mutter und Johannes gegenüber darstellt, als er, auf Johannes verweisend, zu Maria sagt: „Frau, siehe, das ist dein Sohn!" Und zum Lieblingsjünger spricht er: „Siehe, das ist deine Mutter!" Man hat das als die letzte Bitte des Sterbenden gedeutet, Maria unter seinen Schutz oder wie man damals sagte, in sein Haus, aufzunehmen. Gewöhnlich wurde Christus in der Golgatha-Szene bereits entseelt, in die Ewigkeit entrückt und ziemlich selten in den letzten Todesqualen dargestellt, und daher bedarf die Auslegung Gebhardts der Erläuterung. Die ungewöhnliche Wahl des Augenblicks wurde schon 1866 erkannt, als das Gemälde vor der Aufstellung in der Kirche einige Wochen lang im Museum von Reval gezeigt wurde. Da Gebhardts Werk unter den recht wenigen sakralen Bildern in der estnischen Malerei durch seinen Kunstwert hervortrat, widmete die Presse dem Altargemälde eine besondere Aufmerksamkeit. Dabei ist interessant, dass die Wahl des dargestellten Augenblicks der Leidensgeschichte in den damaligen Besprechungen mit Befremden aufgenommen wurde. Eigentlich wäre jenen Passagen kaum Beachtung zu schenken, wenn in ihnen nicht ein Problem zum Ausdruck käme, das bei Gebhardt und bei der Düsseldorfer Malerschule generell befremdet, aber Gebhardts künstlerische Eigenständigkeit erklärt. Es ist die Tatsache, dass die Darstellung der „Kreuzigung Christi", im Widerspruch zur verbreiteten Ikonographie, Christus nicht als leidenden Menschen zeigt.

Wie in der Auslegung Gebhardts Absichten erkennbar sind, die auf das Erhabene, Schöne und sogar das Göttliche, die übermenschliche Liebe, die Glaubenserschütterung oder das ruhige Ertragen der unverdienten Pein verweisen, wird in der christlichen Kunst allgemein das göttliche Wesen Christi mehr als das menschliche betont. Gebhardt hat aber außerdem gerade auf das Menschliche aus verschiedenen miteinander verwobenen Gründen betont.

Als ausübender Künstler und fruchtbarer Schöpfer war er sich darüber im Klaren, dass das Göttliche in der Malerei viel schwerer darzustellen ist als die Abbildung der menschlichen Fürsorge und der Leiden, bei denen man auf persönliche, zutiefst menschliche Erlebnisse zurückgreifen kann. Gleichzeitig zeigt sich in der Auslegung Gebhardts die für die religiöse Kunst des ganzen 19. Jahrhunderts kennzeichnende Profanisierung, wohinter sich der umfangreiche Niedergang der religiösen Gefühle, die fortgesetzte Verfremdung des geistigen Lebens von der Kirche, aber auch - aus formschöpferischer Sicht - der Siegeszug des Realismus verbirgt. Wie wir im weiteren Verlauf sehen werden, verstärkt die allgemeine Naturalismusfreundlichkeit der Düsseldorfer Schule den Einfluss dieses Prozesses auf das Schaffen Gebhardts.

Die entfernteren Ziele des Malers bei der Gestaltung religiöser Themen waren die Modernisierung und Aktualisierung der Legenden und Geschichten Christi. Durch die Betonung der menschlichen Seite der Leidensgeschichte und die Verknüpfung des Inhalts des Neuen Testaments mit der deutschen Glaubenstradition (dem Luthertum) hoffte der Künstler, die uralten lehrreichen und beseelenden Texte in ihrem Geist und ihrer Zeit dem Heute näherzubringen.

Die Profanisierung der sakralen Kunst offenbart auch beim Gemälde Gebhardts im Revaler Dom die theoretischen Grundlagen der Kunst der Düsseldorfer Schule, wo Idealismus und Vergeistigung sich in erstaunlicher Natürlichkeit mit der naturalistischen Gestaltungweise verbinden. Wie bekannt, ist für die Düsseldorfer Schule der idealistische Naturalismus charakteristisch. Der Gründer der Düsseldorfer Schule Wilhelm von Schadow deutete und formte die romantischen Traditionen in „die Form der Sinnenwelt" um. Die praktische Anwendung des idealistischen Naturalismus bedeutete die Darstellung der für die Komposition nötigen Modelle, Charaktertypen und Landschaftsmotive nach der Natur, was der Grundidee der künstlerischen Arbeit entsprach. Gerade aus einer derartigen Naturtreue erwuchs aber der Widerspruch im Schaffen Gebhardts und anderer Künstler zwischen dem idealisierten Sujet, der Komposition und der Farbenwahl einerseits sowie der naturalistischen Figuren- und Naturdarstellung andererseits.

Vom Altarbild des Revaler Doms, kann gesagt werden, dass sich Gebhardt auch in dieser frühen Komposition vom idealistischen Naturalismus leiten ließ. Die Kompositionsschemata wählte er in den 1860er Jahren und auch später nach dem Vorbild altdeutscher und niederländischer Meister, die Gestaltung der Personen dagegen konnte er sich schon damals ohne angestrengte Arbeit mit den Modellen und der Natur nicht vorstellen. Beinahe für jede Komposition fertigte er ganze Stöße von Skizzen an, wie der des Gesichts und zu den ausdrucksstärksten Teilen des Körpers gehörenden Händen. Freimütig schilderte er, wie er die Methode des idealistischen Naturalismus in die Tat umsetzte, und behauptete, den Ausdruck von Gesichtsmienen stundenlang im Spiegel betrachtet zu haben, um zu entscheiden, welche Pose, Handbewegung oder Miene am besten seinen Absichten entspricht. Gebhardt stellte gleichsam die Intensität und Kraft des notwendigen Gesichtsausdrucks fest, um danach mit dem Modell zu arbeiten und die Details naturalistisch festzuhalten. In dieser Hinsicht scheinen die hin und wieder überbetonte Gefühlsfülle, Plastizität und veristische Schärfe für die Gestaltungsmethode des Malers und der Schule höchst charakteristisch zu sein. Auf der Altarkomposition im Dom sind die Gottesmutter und Maria Magdalena die realistischsten Gestalten. Wahrscheinlich hat der Künstler für Maria seine stille und zurückhaltende Mutter als Modell verwendet und sie als alternde, leidgebrochenen Frau darstellt, was sie mit ihren etwa 50 Lebensjahren, zum Zeitpunkt des Todes Christi, ja wohl auch gewesen ist, obwohl die meisten Künstler es vorgezogen haben, sie meist als merklich jünger darzustellen. Wie man sieht, hat Gebhardt auch hier die Tradition zugunsten der Wirklichkeit und Menschlichkeit aufgegeben.

Obwohl das Altargemälde des Doms wesentliche Anhaltspunkte zum Verständnis des gesamten schöpferischen Erbes von Gebhardt bietet, sind mehrere für den Künstler wesentliche Motive und konzeptuelle Prinzipien entweder nicht ausgereift oder sie fehlen gänzlich. Das ist deutlich zu erkennen, wenn wir „Christus am Kreuz" von 1866 mit späteren Kompositionen des Künstlers zu demselben Thema vergleichen, so mit der Golgatha-Szene in der Hamburger Kunsthalle, wovon 1884 auf Bestellung des Direktors der Kreenholmfabrik in Narva J. Prowé eine vereinfachte und modifizierte Wiederholung für die Alexanderkirche der Stadt angefertigt wurde. An diesem Werk erkennt man noch deutlicher, worauf sich Gebhardt bei der Interpretation sakraler Themen konzentrierte. Vor allem interessierte ihn Christus als Prediger und Lehrer, und daher richtet er seine Hauptaufmerksamkeit auf den lebendigen Dialog zwischen dem Lehrer und dem Volk, auf die Konfrontation der Einzelperson, des Helden, mit der Masse auf die Gestaltung der psychologischen Spannungen dieser Gegenüberstellung. Sowohl im Stimmungsgehalt als auch in der Komposition hat Gebhardt diese Spannung am machtvollsten in verschiedenen „Bergpredigten" entwickelt, wo das Volk in all seiner menschlichen und sozialen Vielfalt, sowie in dem naturalistischen Reichtum der Menschentypen das Bibelzitat „Selig sind, die da hungern und dürsten nach der Gerechtigkeit" höchst anschaulich illustriert. Obwohl auf der „Bergpredigt" (1904) im Estnischen Kunstmuseum die Gestalt Christi fehlt, ist seine geistige Präsenz dort genauso zu spüren wie auf den späteren Kreuzigungsbildern. Die höchst ausdrucksvolle und menschliche Ekstase der Zuhörer verbindet sich mit der konzentrierten Aufmerksamkeit der Zuhörer und der göttlichen Ruhe des Lehrers (und des Erlösers). Dabei ist die Betonung der göttlichen Gegenwart für den Künstler von großer Bedeutung, darin offenbarte sich der didaktische Kern der sakralen Gemälde Gebhardts.

Gebhardt sah eine seiner Lebensaufgaben in der Schaffung der protestantischen religiösen Kompositionen, wobei er den biblischen Themenkreis im Sinn seines Volkes behandelte. Hierbei sind die Worte „sein" und „Volk" besonders zu betonen, denn der Volkssinn der deutschen Reformation war jener, wodurch der Künstler zur Erkenntnis des Glaubensbekenntnisses der Deutschen gelangte. Der felsenfesten Apologie des Luthertums erwuchs der erneuernde konzeptuelle Inhalt der religiösen Kunst Gebhardts, jenes System, worin Volkstümlichkeit und Lebenswahrheit einen organischen Bestandteil des künstlerischen Ganzen bilden. Es war ein System, dessen Bestandteile die religiöse Malerei der Düsseldorfer Schule bis dahin nicht zu schätzen gewusst hatte. Das fruchtbare Zusammenwirken zwischen der konzeptuellen Volkstümlichkeit der religiösen Thematik und der Genremalerei kann auch in den estnischen Genrebildern festgestellt werden, die auf die äußerst starke und eigenartige estnische Bauernkultur ausgerichtet waren.

E. von Gebhardt war der namhafteste und begabteste Vertreter der Düsseldorfer Schule, der Altarbilder für estnische Kirchen gemalt hat. Wie wir aber bereits gesehen haben, sind in der Altarmalerei des Revaler Doms wesentliche Stilmerkmale des Künstlers noch nicht voll ausgeprägt. Abgesehen davon stellt das

Altargemälde des Doms eine der besten und eindrucksvollsten den Düsseldorfer Realismus vertretenden religiösen Kompositionen in Estland dar. Zumindest zweimal ist die Arbeit kopiert worden. Die erste Kopie befindet sich in der Kirche Kreuzhof/Harju-Risti. Im Estnischen Historischen Archiv in Dorpat/Tartu ist die auf Kirchen bezogene Dokumentation (Chroniken, Rundschreiben, Finanzunterlagen, Berichte) des Öfteren mangelhaft erhalten. Zu derartigen Kirchen mit einer für die Gegenwart schlecht dokumentierten Geschichte zählt leider auch die Kirche Harju-Risti. Daher ist es nicht gelungen, aus den Archivbeständen eine Bestätigung darüber zu finden, ob es sich um eine Wiederholung des Autors handelt oder ob die Kopie von jemand anderem, möglicherweise von einem Maler vor Ort, gemalt ist. Auf dem Altarbild in Harju-Risti, dessen Komposition ziemlich genau die des Domes folgt, fehlt die Nikodemus-Figur. Die Malweise des Altarbildes in Harju-Risti ist bedeutend geradliniger, sehr mechanisch durch die Wiederholung, und der Künstler scheint die Lust am Malen verloren zu haben.

Die Entstehungsgeschichte der anderen Kopie in Pernau St. Jakobi/Pärnu Jaagupi ist zum Glück den Berichten der Kirche 1897-1911 zu entnehmen. Durch sie wissen wir, dass die vorläufige Absicht, ein ursprüngliches Altarbild zu bestellen, scheiterte, weil dies aus finanziellen Gründen nicht zu realisieren war. Daher hat man den Beschluss gefasst, für die durch Spenden gesammelte Summe eine Kopie des Altarbildes vom Revaler Dom bei Ants Laikmaa (Hans Laipmann) zu bestellen, der dafür im Oktober 1901 350 Rubel ausgezahlt bekam. Laikmaa hatte ein paar Semester an der Düsseldorfer Kunstakademie studiert, war jedoch von der Zeichenklasse nicht weitergekommen. Der Künstler, damals noch Anfänger in der Branche, beherrschte bei Weitem noch nicht die Ölmalerei, und das Bild von Pärnu-Jaagupi gehört zu seinen wenigen uns überlieferten Versuchen in diesem Genre. Später hat Hans Laikmaa ausschließlich die Pastelltechnik angewandt. Das Werk bildet noch aus einer anderen Sicht eine

Ausnahme. Der Künstler bevorzugte Landschaften und Porträts, figurenreiche Kompositionen geschichtlichen, bzw. religiösen Inhalts hat er in der Regel nicht gemalt. Laikmaa verabscheute Genremalerei der akademischen Kunst. Das Altargemälde von Pärnu Jaagupi ist der einzige Auftrag der Kirche, den der Künstler offenbar wegen des Geldes angenommen hatte, als er sich noch in Düsseldorf aufhielt. Offensichtlich hat ihn diese Erfahrung endgültig gezeigt, dass für ihn eine weitere Entwicklung in der modernen Welt nicht möglich ist.

Das Altarbild von Pärnu-Jaagup hat ein interessantes Schicksal gehabt. Wandalen haben 1994 die Malerei gestohlen, aber es ist gelungen, das beschädigte Werk zurückzubekommen und gegenwärtig zu restaurieren.

Im Dienste der estnischen Kirchen standen auch solche mit Düsseldorf verbundene und den dortigen Realismus vertretenden Maler, deren professionelles Niveau bedeutend niedriger lag als das von Gebhardt. Als interessante Persönlichkeiten spielten sie jedoch eine beachtenswerte Rolle in der estnischen Kulturgeschichte. Zu ihnen gehörte der Reichsdeutsche Theodor Albert Sprengel (1832-1900), der als Organisator, Kritiker und Aufklärer der Kunst in der Revaler/Tallinner Kunstszene eine wichtige Stellung zukommt. Sprengel schrieb auch Gedichte, die für die Romantiker charakteristische Schablonen enthielten. Eine Gedichtsammlung erschien 1897 unter dem Titel „Wilde Blüthen". Er übersetzte auch Belletristik und veröffentlichte Essays.

Sprengel war in Waltershausen im Harz geboren, 1849-1852 studierte er in Dresden und 1852-1853 an der Düsseldorfer Kunstakademie, die er mit dem Diplom der Meisterklasse verlassen hat. Bis 1866 wirkte er in Vyborg, danach ließ er sich in Reval/Tallinn nieder, wo er bis zu seinem Tode als Zeichenlehrer des Gymnasiums wirkte. In den 1870er Jahren unterrichtete er fünf Jahre lang auch in der Domschule.

Heute kennen wir Sprengels Schaffen aus der Revaler Periode gut, und in diese Zeit fallen vier Altargemälde, die erhalten geblieben sind. Das erste Werk von kleinem Format malte er 1867 für die Kirche zu St. Matthäi/Järva-Madise. Jenes Bild bedeckte jahrelang ein früheres, offensichtlich im späten 17. Jahrhundert oder im 18. Jahrhundert gemaltes größeres Bild an der von Chr. Ackermann gestalteten barocken Altarwand (vollendet 1680, 1670?), das verhältnismäßig spät in Verbindung mit einem Kunstdiebstahl entdeckt, restauriert und zurück in die Kirche gebracht wurde. Auf dem Gemälde Sprengels können wir Christus am Kreuz, den Totenkopf als Symbol der Grabstätte Adams, des Urvaters aller Menschen, und die trauernde Maria Magdalena sehen. Eine schablonenhafte Christusfigur lässt die Vermutung zu, der Künstler habe sich dabei offenbar die Werke anderer zum Vorbild genommen. Die Haltung von Maria Magdalena und die klassizistisch glatte Malweise deuten auf die Nachwirkungen von Nazarenern hin, der schön glühende Horizont und die allgemein beliebten Formen der Malerei gehören zur Spätromantik. Ungeachtet dessen gibt es bei Sprengels Altarbild einen Anflug protestantischer, ihn aus dem katholischen Kulturraum herausreißende Nüchternheit. Sprengel lebte zu einer Zeit des Stilumbruchs zum Historismus, als ein Eklektizismus keine schöpferische Unzulänglichkeit war, sondern den Zeitgeist ins Schwarze traf. Sprengels größtes und wichtigstes Werk „Erste Einführung der Reformation in Reval. Empfang des von Luther gesandten Pastors Lange auf der Freitreppe des alten Rathauses", das 1869 vollendet wurde, verkörpert den Zeitgeist am besten.

In der Ikonographie gibt es zahlreiche Parallelen zu Werken der Nazarener, wie das Bild von Franz Pforr „Einzug Rudolfs von Habsburg in Basel" (Städelsches Kunstinstitut, Frankfurt am Main). Sprengels Malerei bevorzugt das Einzugsthema, das eine lange Vorgeschichte hat, zu dessen Entwicklungen sowohl der „Einzug Christi in Jerusalem" als auch Darstellungen von Triumphzügen römischer Kaiser zählen. Obwohl das Gemälde gegen historische Fakten verstößt (etwa der ins Zeitalter nicht passende Barockturmhelm der St. Nikolaikirche), kann man den

Künstler dafür nicht verantwortlich machen. Weder die baltische Geschichtswissenschaft noch die Kunstgeschichte standen damals auf der notwendigen Höhe. Da die Arbeiten das Luthertum preisen sollten, so greifen die Gemälde überraschend gut das Pathos der religiösen Malerei der Düsseldorfer Schule auf.

In den achtziger Jahren des 19. Jahrhunderts war Sprengel der beliebteste Altarbildmaler in Estland. Er fertigte die Bilder für die Pastorate (Gemeindehäuser) von Leesi und Loksa, für die Kirchen in Odenpäh/Otepää und Jegelecht/Jöelähtme, für die Aleksander-, Kreenholm- und die Juhkental-Kirche in Narva. Auf dem 1883 für die Kirche zu Leesi gemalten Altarbild vereint Sprengel zwei Sujets: über der Szene „Christus mit Petrus auf dem See" hängt das Bild von „Golgatha". Nach Angaben im Kirchenbuch hat er dafür 150 Rubel bekommen. Die 1888 für die Kirche von Loksa gemalte „Auferstehung Christi" ist aber eine Kopie des gleichnamigen Altarbildes im Dom von Kwidzyn, dem ehemaligen Marienwerder, gemalt von Bernhard Plockhorst 1867. Diese Tatsache wird durch die Eintragung im Kirchenbuch bestätigt, der wir entnehmen können, dass das Bild „9 Fuß hoch und 4,5 Fuß breit" ist und die Gemeinde von Kusal/Kuusalu 275 Rubel gekostet hat. Plockhorst studierte in Berlin, Dresden und Leipzig. 1853 setzte er sein Studium bei Thomas Couture in Paris fort. Es fällt schwer, über Sprengels Anteil an der Schaffung der Kopie für die Kirche in Loksa zu urteilen, da ich kein Werk von Plockhorst gesehen habe, und es handelt sich um das Werk eines durchschnittlichen Malers, das von einem unterdurchschnittlichen kopiert worden ist. Hier wage ich zu behaupten, die „Auferstehung Christi" präsentiere eine etwas kitschige internationale akademische Kirchenkunst, die mit persönlichen künstlerischen Auffassungen Sprenglers keine Gemeinsamkeiten hat.

Im Unterschied zum Werk in Loksa wird auf dem aus dem Jahr 1890 stammenden Altarbild in Jöelähtme „Christus am Kreuz" die Nachricht über den Tod Christi am Kreuz unbeholfen, aber ernst und aufrichtig vermittelt. Die Archivalien enthalten einzelne Angaben über das Altarbild in Jöelähtme: Im März 1889 hat die Kirchenkanzlei ein Schreiben an Sprengel versandt, offenbar bezieht es sich auf die Bestellung des Altars. Die Kirchenchronik bestätigt die Fertigstellung des Bildes 1890 und die Auszahlung von 200 Rubel an den Künstler.

Sprengels mehrfiguriges Altargemälde „Golgatha" in der Kirche zu Odenpäh/Otepää (1866, es ist nicht ausgeschlossen, dass es sich um eine Kopie handelt) ist ein klarer Beweis von ungenügenden Fähigkeiten des Künstlers beim Malen des menschlichen Körpers. Andererseits zeigt die Zufriedenheit der Gemeinde mit dem professionellen Niveau Sprengels, dass es bei Andachtsbildern nicht so sehr auf ihren künstlerischen Wert ankommt. Außerdem gab es in Estland keinen besseren Meister, und zum Engagieren der im Ausland wirkenden Maler fehlten die entsprechenden Finanzen.

Den Freund von Sprengel, Rudolf Julius von zur Mühlen (1845-1913), kann man für den konsequentesten Meister der realistischen Richtung in der zweiten Hälfte des 19. Jahrhunderts unter den in Dorpat tätigen Künstlern halten. Nach einer etwa zehnjährigen Ausbildung an den Kunstakademien in Dresden, Antwerpen und München erweiterte er seine Fertigkeiten in den Jahren 1876-1877 an der Kunstakademie zu Düsseldorf bei E. von Gebhardt. 1877 ließ sich der Künstler in Dorpat nieder, wo er vor allem als Porträtist und Zeichenlehrer arbeitete. Er unterrichtete auch auf den Zeichenkursen, des 1883 gegründeten Vereins deutscher Handwerker in Dorpat, die in der estnischen Kunstgeschichte eine wesentliche Rolle spielten. Sowohl sein Lehrer in Antwerpen Joseph Francois van Lerius als auch der in München tätige Otto Seitz repräsentierten romantische Historienmalerei. Daher dürfte angenommen werden, dass die Wurzeln des manchmal etwas anekdotenhaften angehauchten Realismus der Porträts von zur Mühlens vom Schaffen der Meister der Düsseldorfer Schule von Gebhardts beeinflusst sind. Im Unterschied zu seinen Porträts verwendet von zur Mühlen beim Aufbau und der Farbenwahl seiner Altarbilder die damals in der Kirchenkunst beliebten spätromantischen Klischees: Mondschein, ein auf hoher stürmischer See auf und nieder schaukelndes Schiff und im Wind wehende Gewänder zählen zweifellos zu den Lieblingsmotiven der Romantiker.

Bei den Altarbildern in den Kirchen zu Annenhof/Anna, Range/Röuge und Rosenhof/Roosa hat er das Thema „Hilf mir, Gott!" oder „Christus und Petrus auf dem See schreitend" variiert. Die betreffende Episode der Rettung der Jünger wird im Evangelium Lukas (S. 8, 22) wie folgt geschildert: *„Plötzlich brach über dem See ein Wirbelsturm los; das Wasser schlug in das Boot, und sie gerieten in große Gefahr. Da traten sie zu Ihm und weckten Ihn; sie riefen: Meister, Meister, wir gehen zugrunde! Er stand auf, drohte dem Wind und den Wellen, und sie legten sich, und es trat Stille ein. Dann sagte er zu den Jüngern: Wo ist euer Glaube?"*

Die Darstellung einer auf die Bedeutung religiöser Standhaftigkeit hindeutenden Geschichte rief die Rolle Christi als des Retters der Menschheit ins Gedächtnis und verschaffte dem Künstler die Möglichkeit, die bevorzugten Mittel der romantischen Kunst anzuwenden.

Von zur Mühlen hat den tragischen Aspekt des Themas zur Erlösung der Menschheit aufgegriffen, und dies ist auf dem Altargemälde der Kirche in Randen/Rannu „Golgatha" ziemlich gut dokumentiert.

In mehreren Inventarverzeichnissen der Kirche weist man sowohl auf den Maler hin wie auch auf den Betrag von 800 Rubel, der für das Bild ausgegeben wurden. Das gedämpfte graue Kolorit unterscheidet die offenbar 1889 oder 1890 vollendete Altarmalerei von den früheren gefühlvollen Bildern religiösen Inhalts. Dabei bestätigen die geradlinige Komposition, statische Figuren und eine trockene Malweise, dass die von Gebhardt reformierte Düsseldorfer religiöse Malerei auf die religiöse Kunst von zur Mühlens nicht den geringsten Einfluss ausgeübt hat. Offensichtlich sah der Künstler in Altarbildern nur Aufträge, die ihn nicht sonderlich inspirierten, bei denen es zur Anwendung seiner aufmerksamen Beobachtungen des Lebens keine Möglichkeiten gab. Der sicherste und bequemste Weg war die Benutzung von Vorlagen, die sich in der Kirchenkunst durch die Jahrhunderte hindurch bewährt hatten.

Gebhardts Lieblingsschüler und späterer Mitarbeiter Tönis Grenzstein war seinem Einfuß, insbesondere bei der religiösen Malerei, vollkommen verfallen. Es ist bekannt, dass der aus einer Bauernfamilie stammende Grenzstein nach dem Kreisschulabschluss sich in Dorpat/Tartu niederließ und die Bekanntschaft mit Rudolf von zur Mühlen machte. Unter Anregung von zur Mühlens und mit Unterstützung einer Kunstgönnerin betrat Grenzstein 1886 die Vorbereitungsklasse an der Düsseldorfer Kunstakademie und setzte sein Studium mit Unterbrechungen bis 1900 fort. Während des Studiums besuchte er regelmäßig Estland, später versuchte er sein Glück vielerorts in Europa: Er besuchte Paris, versuchte sich mit einem Antiquitätengeschäft über Wasser zu halten, unterhielt in der lothringischen Kleinstadt Diedenhofen eine Schule für Malerinnen. Der Ausbruch des Ersten Weltkrieges traf ihn wieder in Düsseldorf, wo eine zunehmende Trunksucht ihn 1916 ins Grab brachte. Eine Übersicht über das Schaffen des hauptsächlich im Ausland tätigen Künstlers liegt bedauerlicherweise nicht vor. In den estnischen Sammlungen sind ein paar national-romantische Kompositionen zu Themen der estnischen Mythologie und einige Porträts vorhanden. Wie es sich später herausstellen sollte, gab es einige Werke des Künstlers in deutschen Privatsammlungen.

Grenzsteins Altarbilder in der nicht weit von Dorpat/Tartu entfernten Kirche zu Nüggen/Noo und in der Kirche zu Emmast/Emaste auf der Insel Dagö/Hiiumaa sind die besten Beispiele für die Düsseldorfer Malerschule in Estland. „Christus am Kreuz", eine fünf Meter hohe Komposition für die Kirche zu Nüggen, hat Grenzstein in Düsseldorf gemalt, versandte jene

1895 nach Estland, und im nächsten Jahr wurden ihm nach Angaben des Kirchenbuches für diese Leistung 200 Rubel ausgezahlt. Die Themenwahl, das inhaltliche Konzept und auch die Komposition sind ein Zeugnis dafür, dass sein Lehrer Eduard von Gebhardt sein Großes Vorbild gewesen ist. Auch deutet der für das Bild ausgezahlte verhältnismäßig kleine Betrag darauf hin, dass man Grenzstein für einen begabten Studenten hielt, der sein Studium noch fortsetzt. Der üppige Pinselschlag des Künstlers, weiches, volles Kolorit und die mit realistischer Kraft ausgeführten ausdrucksvollen Figuren zeugen jedoch von seiner vollkommen individuellen Schaffensart.

Charakteristisch für die religiöse Malerei Düsseldorfs in der zweiten Hälfte des 19. Jahrhunderts ist die Überschneidung der Bibelszenen mit Elementen der Genremalerei: Den sich um den Erlöser scharenden Personen im Vordergrund ist rechts in der Mitte eine Gruppe von Zuschauern gegenübergestellt, die den Tatort verlassen.

Beim Altarbild von Nüggen/Nöo hat man die Vermutung ausgesprochen, zumindest ein Teil an der Komposition sei von der Hand von Gebhardts ausgeführt worden. Dagegen spricht der Umstand, dass beide Werke Grenzsteins sorgfältig, seine Autorenschaft unterstreichend, signiert und datiert sind. Außerdem ist für Grenzstein kennzeichnend, übermäßige Charakteristik und Gefühlsduselei zu meiden, doch tiefe religiöse Empfindung und gleichzeitig malerische Schönheit zu betonen. Dasselbe bestätigt eine für die Emmaste-Kirche gemalte „Auferstehung Christ" im kleineren Format, das der künstlerische Abschied von der Heimat wurde, wohin der Maler nie mehr zurückgekehrt ist.

Zum Schluss des Vortrages möchte ich ihre Aufmerksamkeit, auf einige Probleme lenken, die sich bei der Suche der Altarbilder der Düsseldorfer Schule ergeben:

1. Über die estnische Kirchenkunst des 19. Jahrhunderts fehlen sowohl empirische als auch auf moderner Methodik basierende Untersuchungen. Wie wir bereits gesehen haben, bilden die für

die Kirchen ausgeführten Auftragswerke in der religiösen Malerei einen separaten Bereich, in dem sehr viele Umstände miteinander verflochten sind: christliche Dogmen, Zahlungsfähigkeit der Gemeinde, den Auftraggebern zur Verfügung stehende Fertigkeiten der Künstler, Zeitgeschmack, Freiheit und Individualität des Künstlers und vieles andere. Zum Teil haben diejenigen wohl Recht, die behaupten, die Altarkompositionen als Auftragsleistungen seien eine des Öfteren unter ideologischem Druck ausgeführte engagierte Kunst. Zumindest in Bezug auf die Altarbilder des stürmisch säkularisierenden 19. Jahrhunderts kann in der Tat vielmehr vom Handwerk als von einem durch Inspiration und durch eine persönliche Note geprägten künstlerischen Schaffen die Rede sein. Heute, da die Forschung der Kunstgeschichte die schöpferische Natur in den Mittelpunkt stellt, erwacht das Interesse an den im Auftrag der Kirche gemalten Werken, auch wenn sie von sogenannten „zweitrangigen" Künstlern gemalt sind.

2. Aus dem Obenerwähnten können wir schließen, dass die Untersuchung der estnischen Kirchenkunst des 19. Jahrhunderts noch bevorsteht. Die Verfasser einer sechsbändigen Kunstgeschichte Estlands sind sich über diese Lücken in der kunstwissenschaftlichen Forschung im Klaren und haben die Absicht, allseitig zur Ausfüllung derselben beizutragen.

Dies ist ein Bereich, in dem es einer interdisziplinären Forschung zufolge möglich sein sollte, die Erfahrungen von Historikern, Theologen und Kulturhistorikern zu vereinen, Archivnachweise an das ikonologische Verfahren anzuschließen, Erhebungen beliebtester Bibelthemen vorzunehmen und thematische Bevorzugungen im Kontext der Bewusstseinsgeschichte zu behandeln.

3. Die dritte Anmerkung ergibt sich aus den zwei Vorausgegangenen. In diesem Vortrag konnten nur einzelne Werke der Meister, die die Düsseldorfer Schule repräsentieren, vorgestellt werden. Es sind Kompositionen, die eine zuverlässige Provenienz aufweisen oder zu denen Schriftquellen vorliegen. In den

estnischen Kirchen gibt es jedoch Dutzende von Altarbildern, von denen nachgewiesen ist, dass sie im vorigen Jahrhundert gemalt worden sind. Es ist ziemlich sicher, dass so manches dieser Werke bei einer näheren Studie sich als das Werk eines Düsseldorfer Meisters entpuppen könnte.

Die Geschichte zur Düsseldorfer Schule in der religiösen Malerei Estlands des 19. Jahrhunderts ist noch nicht geschrieben.

DIE BILDUNG DES NATIONALEN SELBSTBEWUSST-SEINS IN DER LETTISCHEN KUNST 1880-1910

Dace Lamberga

Wir befinden uns gegenwärtig in der Wende vom 20. zum 21. Jahrhundert. Eine alte Periode ist damit abgeschlossen, und wir beginnen eine neue, die unbekannt vor uns liegt. Von ihr erhoffen wir, dass sie vollkommener und besser als die alte sein wird und dass in ihr die Künstler eine noch regere Tätigkeit als zuvor werden ausüben können. Wir wissen jedoch auch, dass die Kunst der vorherigen Jahrhundertwende (um 1900) gerade durch den ausdrucksstarken Jugendstil sehr lebendig gewesen ist. Dieser hatte damals den Impressionismus abgelöst, und der Fauismus, der Kubismus und der Expressionismus standen als neue Stilrichtungen der Avantgarde bereits in den Startlöchern. Doch wir wissen auch, dass sich das Kunstleben in Lettland in einer anderen Situation befand als das in Westeuropa. Im Jahre 1923 hat der lettische Modernist Romans Suta ein kleines Buch in Leipzig herausgegeben mit dem Titel: „60 Jahre lettischer Kunst". Die lettische professionelle Kunst war damals nämlich sehr jung, und diese 60 Jahre bedeuteten historisch gesehen fast nichts im Vergleich zu den Jahrhunderten und auch Jahrtausenden der westlichen und östlichen Kunst.

Über mehrere Jahrhunderte hinweg bestanden in Lettland zwei Kulturen nebeneinander - die deutsche, die sich in Städten konzentrierte, und die lettische auf dem Lande, die, in ihren Entwicklungsmöglichkeiten stark eingeschränkt, sich bis zum 19. Jahrhundert als archaische, mündlich überlieferte Bauernkultur erhielt.[1] Die ersten Keime der lettischen Kunst kann man

---

1 Unerwartete Begegnung. Lettische Avantgarde 1910-1935. NGBK. Köln 1990, S. 23.

Mitte des 19. Jahrhunderts finden, als die Aufhebung der Leibeigenschaft und Einführung der Gewerbefreiheit den Letten den Weg zu höherer Bildung und zum sozialen Aufstieg eröffnete. Sie zeigen uns das tiefe Gefühl für die Farbgebung und das Schönheitsverständnis für jeden alltäglichen Gegenstand. Sie belegen als ethnografisches Erbe, dass der Lette auch in den früheren Jahrhunderten an solche Begriffe wie Kunst und Design gedacht hat, obwohl er damals nur ein unbekannter Handwerker gewesen ist. Im Rahmen des wachsenden nationalen Selbstbewusstseins fingen die Bauernsöhne an, ihre Begabungen an hohen Schulen zu entwickeln. „Die Herausbildung einer rasch wachsenden lettischen Mittelschicht und lettischer Intelligenz schuf Mitte des 19. Jahrhunderts die Voraussetzung für die nationaldemokratsche Bewegung der Jungletten. Im Geiste der deutschen Romantik propagierten sie ein nationales Selbstbewußtsein, dass sich über das Bekenntnis zur lettischen Sprache und Volkskultur definierte."[2]

Die Ausbildung als Künstler erhielten die Letten vor allem in St. Petersburg an der Kunstakademie und an der Stieglitzer Zentralschule für technisches Zeichnen. Sie gingen dorthin, weil die Hauptstadt von Russland für sie ja nicht sehr weit entfernt und das Leben dort billiger als in Westeuropa gewesen ist.

Heute können wir uns kaum vorstellen, was die Bauernsöhne zu einer solchen Berufswahl angeregt haben kann, denn ihnen muss ja jedes Verständnis für die bildende Kunst gefehlt haben. Im 19. Jahrhundert hatte es auf dem Gebiete des heutigen Lettlands noch kein Kunstmuseum gegeben, und deshalb haben sie ihre Kenntnis von Kunst nur in den Kirchen, die sie besuchten, gewinnen können. In der 2. Hälfte des 19. Jahrhunderts aber, als Jānis Staņislavs Roze, Kārlis Hūns und Jūlijs Feders als die ersten professionellen, lettischen Künstler hervor-

---

[2] Ebenda, S. 23-24.

traten, war Lettlands Gesellschaft für ihre schaffende Darbietung noch nicht reif genug. In dieser Zeit waren die Kunstkenner und Käufer in der Regel Deutsche, meistens Adlige. Die lettischen begüterten Bürger aber, von denen es damals nur wenige gab, waren meist deutsch orientiert und hatten kein besonderes Interesse für die Kultur ihres eigenen Volkes.

J.S. Roze, der Porträts der vielen lettischen gesellschaftlich engagierten Menschen gemalt hatte, starb in Armut. Der Bahnbrecher der Historienmalerei K. Hīns aber, der in Frankreich lebte und manchmal auch Lettland besuchte, hat in der Heimat nur Aquarelle und Zeichnungen geschafft, weil die ausländischen und auch einheimischen Kunden seine idyllischen italienischen Bauernszenen bevorzugten (Italienischer Hof, 1871). Und der Landschaftsmaler J. Feders, der nach Beendigung seiner Ausbildung an der Kunstakademie die Hügel von Segewold/Sigulda und die Burgruine seines Heimatorts Kokenhusen/Koknese malte, fand später Arbeit in St. Petersburg und Düsseldorf.

Im letzten Jahrzehnt des 19. Jahrhunderts gewannen in Lettland neben der bildenden Kunst auch die Literatur, das Theater und die Musik an Bedeutung. Die zweite Künstlergeneration Jānis Rozentāls, Vilhelms Purvītis, Ādams Alksnis, Arturs Baumanis und Jānis Valters waren damals die eigentlichen Gründer der nationalen lettischen Malerei. Sie alle haben an der Kunstakademie in Petersburg studiert. Während des Studiums hatten die jungen Künstler den Studentenzirkel Rūiis[3] gegründet. Die Studenten trafen sich dort, um über die Zukunft der lettischen Kunst zu reden. Es wurde ein schöpferisches Programm ausgearbeitet, das natürlich ziemlich idealistisch und optimistisch war. Die Mitglieder des Studentenzirkels Rūiis verfolgten das Ziel, in Lettland zu leben und zu schaffen

---

[3] Rūiis bedeutet wörtlich „Zwerg", jedoch der lettische Wortsinn entspricht dem deutschen „Arbeitsbiene".

und das lettische Volk in seinen Bildern darzustellen. Ihrer Meinung nach musste jeder Künstler ein echter Sohn seines Volkes, ein echter Sohn seines Zeitalters, wie auch eine große, schöpferische Persönlichkeit sein. Gerade diese Autoren, die in Lettland lebten und wirkten, wurden nicht nur zu den Gründern der nationalen Kunst, sondern auch Lehrer der nächsten Künstlergeneration. Die neue, nationale lettische Kunst hatte keine althergebrachten Traditionen professioneller Vorgänger, auf die sie sich stützen konnte, und darum ließ sie sich von den wichtigsten Stilströmungen beeinflussen, die sie in verschiedenen Ländern vorfanden. In der lettischen Kunst der Jahrhundertwende haben sowohl der akademische Realismus als auch die helle Farbgebung und freie Malweise des Impressionismus ihre Spuren hinterlassen. Besonders bedeutend war der Einfluss des Symbolismus, der eine neue Welt von Denken und Fühlen schuf und unbestritten eine der Quellen des Jugendstils war. Der Jugendstil äußerte sich am meisten in der Architektur und im Kunsthandwerk, in Lettland ganz wesentlich auch in der Malerei.

Im Anfang des 20. Jahrhunderts begann sich in Riga ein reges Kulturleben zu entwickeln. 1905 wurde dort das erste Museum im Baltikum, das Rigaer Städtische Kunstmuseum, eröffnet. Sein Architekt und erster Direktor war Wilhelm Neumann (1848-1919) der aus Mecklenburg kam. In Riga baute er außer dem Museum auch Mietshäuser, die Eingangshalle der Domkirche, eine jüdische Synagoge, Herrenhäuser in Pelzen/Pelči, Kokenhusen/Koknese, eine Kirche in Goldingen/Kuldiga und vieles andere.

Das Museum von Riga entstand im Stil des Historismus, und hatte schon eine Zentralheizung, weshalb es als überaus modern angesehen worden ist. Bei der Planung des Museums war Neumann von dem Architekten Paul Vallot unterstützt worden, zu dessen Hauptaufgaben das Reichtagsgebäude in Berlin zählt. In der Sammlung des Museums dominierten Werke internationaler Künstler, daneben wurden in der Schausammlung nur Arbeiten weniger lettischer Maler gezeigt, obwohl in Lettland damals schon recht viele Künstler tätig gewesen sind.

Anfang des 20. Jahrhunderts gab es in Riga schon zwei Kunstschulen. Die älteste war die 1879 gegründete private Zeichenschule von Elisa Jung-Stilling, die nach ihrem Tod im Jahre 1904 von der Stadt Riga übernommen wurde. Die andere Lehranstalt, die Rigaer Städtische Kunstschule, nahm 1906 ihre Tätigkeit auf, doch für lettische Kunst gewann sie erst nach 1909 an Bedeutung, als Vilhelms Purvītis Direktor wurde und nach dem die Pädagogen J. Rozentāls, J. R. Tilbergs, C. Rēczewski, A. Volz und B. Borchert dort ihre Tätigkeit aufgenommen hatten. Führende Künstler der 20er und 30er Jahre sind später hier ausgebildet worden. Als dritte Einrichtung gab es die Rigaer Zeichen- und Malschule, bekannt als Blums Schule, die 1895 von Benjamin Blum aus Odessa gegründet worden war.

1896 wurde in Riga während der X. Archäologietagung vom Rigaer Lettischen Verein eine ethnografische Ausstellung veranstaltet, in deren Kunstabteilung die Maler Ā. Alksnis, J. Rozentāls, P. Balodis, J. Valters, V. Purvītis, S. Birnbaums und A. Baumanis vorgestellt worden sind, einige von ihnen zum ersten Mal. Doch die akademisch ausgebildeten Künstler konnten sowohl an den jährlichen Ausstellungen der Kunstakademie wie auch an der Ausstellungen der prominenten russischen Künstlergruppe „Mir isskustwa" (Welt der Kunst) in St. Petersburg teilnehmen. Rozentāls, Valters und Purvītis wurden auch Einzelausstellungen in Riga und Mitau/Jelgava gewidmet. Die Stileinflüsse der europäischen Malerei waren in Riga jedoch gering, obwohl hier 1895 zum 25. Jubiläum des Rigaer Kunstvereins so bedeutende deutsche Maler wie A. Böcklin, M. Klinger, M. Liebermann, A. Menzel und Fr. v. Stuck ausgestellt hatten. 1909 hatte man in Riga auch zum ersten Mal

Arbeiten der französischen Maler E. Anglada, P. Bonnard, M. Denis, F. Vallotton u. a. gezeigt, und 1910 hatte Wladimir Isdebskj aus Odessa gar den Salon mit Werken von K. van Dongen, A. Gleizes, H. le Fauconier, H. Matisse, P. Signac und auch W. Kandinskij nach Riga gebracht. Die russische Malerei war sehr oft zu sehen und davon nicht nur die führenden Realisten wie K. Aiwasovskij, I. Repin, I. Levitan und W. Serow, sondern auch die Modernisten. 1910 brachte der Lette Voldemārs Matvejs, der in Petersburg studierte, die Ausstellung seiner Gruppe „Sojus molodjezhi" (Jugendverein) nach Riga, an der die Avantgardekünstler I. Maschkow, K. Petrow-Wodkin, N. Gontscharowa, M. Larionow, A. Ekster, D. und W. Burljuk teilgenommen haben. „Diese Ausstellung war wie eine Explosion für das schläfrig provinzielle Riga. Das war die erste Manifestation der neuen Kunst, des Atems des neuen Zeitalters in der Geschichte unserer grauen Metropole",[4] aber die neuen Ideen beeinflussten die lettische Kunst in jener Zeit noch nicht. 1910 fand die erste Ausstellung der lettischen bildenden Kunst in Riga statt, die von dem Förderverein der lettischen Kunst organisiert wurde. Der Förderverein machte jedoch nicht nur Ausstellungen, sondern kaufte auch Kunstwerke für sein Kunstmuseum. Vor dem Ersten Weltkrieg gab es bereits eine ziemlich große Anzahl lettischer Künstler, wie auch die ersten Kritiker und Mäzene.

Einer der führenden Künstler war im letzten Jahrzehnt des 19. Jahrhunderts Jānis Rozentāls (1866-1916), (Abb. 1), der die Kunstakademie 1894 mit der Diplomarbeit „Nach dem Gottesdienst" beendete. Auf diesem Gemälde zeigt er, wie die Kirchgänger die Kirche seiner Heimatstadt Frauenburg/Saldus (Kurland) verlassen. Auf diese Weise konnte Rozentāls verschiedene Menschentypen darstellen. Er war der erste Maler, der die lettischen Bauern und ihr Leben in der Malerei schilderte. Der

---

[4] N. Strunke, Valdemārs ... siehe Manuskript. S. 15.

Maler verhält sich seinen Bauernmodellen gegenüber patriarchalisch und idyllisch, weil er voller Optimismus am Anfang seines Schaffens stand. Doch die Träume des Künstlers von der Zukunft der lettischen Kunst wurden durch die Revolution von 1905 und durch den Konflikt mit seinen Kollegen V. Purvītis und J. Valters (Johann Walter-Kurau) erschüttert. 1905 haben die Vertreter der lettischen Intelligenz eine Petition unterzeichnet, in der sie Bürgerrechte für das lettische Volk forderten. Die Petition war aber nicht nur gegen die Beamtenschaft des Zarenreiches, sondern auch gegen den starken Einfluß der Deutschen gerichtet. Doch V. Purvītis und J. Valters mißbilligten teilweise diese Petition, weil sie behaupteten, dass die Deutschen ihre besten Auftraggeber wären. Der Konflikt zwischen den Künstlern wurde auch in der Presse ausgetragen, und als Ergebnis siedelte Purvītis nach Reval/Tallinn und Valters nach Dresden über. In Wirklichkeit war die Petition nur ein Ergebnis des Streits um die Konkurrenz unter den Künstlern.

Leider war es fast unmöglich, für die Bilder mit Darstellung des Volkslebens Käufer zu finden, und so häuften sie sich im Atelier. Zu dem Schüler Jānis Jaunsudrabiņš, der selbst nicht nur Maler, sondern auch Schriftsteller war, sagte Rozentāls damals: „Ich habe mein Atelier voll von Bildern, was soll ich damit anfangen? Ich muss Handwerker bleiben: muss Möbel, Vignetten, Schutzumschläge für ganz dumme Bücher zeichnen. Wenn nicht ein so großer Teil und direkt der beste vom ganzen Leben der Kunst gewidmet wär, möchte ich sie vollständig aufgeben. Aber jetzt wäre das schwer zu machen, darum muss man leiden." Janis Rozentāls war auch ein berühmter Porträtmaler, (Abb. 1 und 6). Besonders eindrucksvoll ist das Bildnis seiner Frau - Elli Forsell. Sie war eine finnische Sängerin, die aus einer Akademikerfamilie in Helsinki stammte. Durch sie erwarb er eine tiefe und innige Beziehung zu der finnischen Kultur. Finnland war damals wie Lettland auch ein Gouvernement des Zarenreiches, doch dort hatte das

Erwachen des nationalen Selbstbewusstseins früher begonnen und reichere Früchte getragen. Die Bekanntschaft mit dem finnischen Geistesleben festigte bei ihm die Überzeugung, dass jedes kleine Volk sein unbestreitbares Recht auf eine eigene professionelle nationale Kultur habe. Gerade in Finnland bekam er die Bestätigung für seine Auffassung der Annäherung der Kunst an das Volk, worüber man in den Zusammenkünften des Zirkels „Rūiis" in St. Petersburg gesprochen hat. Von der finnischen Malerei lernte Rozentāls nicht nur neue Ausdrucksmittel, sondern auch den Sinn der nationalen Folklore, wobei ihn die Kompositionen von Akseli Gallen-Kallela besonders beeindruckt haben. Rozentāls war auch Theoretiker und ein ziemlich scharfer Kritiker. In den Jahren 1903-1905 hat er für die Monatsschriften „Vērotājs" und „Zalktis" über die finnische und russische Kunst, wie auch über damals bedeutenden Künstler D. Whistler, A. Böcklin und A. Edelfelt geschrieben.

Die Bedeutung der Persönlichkeit von Vilhelms Purvītis (1872-1945) äußerte sich nicht nur in der vielfältigen Landschaftsmalerei (Abb. 7), sondern auch in seiner langjährigen gesellschaftlichen Arbeit, die ihn populär machte. 1897 beendete Purvītis die Kunstakademie in St. Petersburg mit glänzendem Erfolg - der Großen Goldmedaille. Leider ist seine Diplomarbeit - die Landschaft „Die letzten Strahlen" - abhanden gekommen. Als Lette hatte er wenig Hoffnung, ein Auslandsstipendium zu bekommen. Doch zum Glück war der berühmte schwedische Maler Anders Zorn in St. Petersburg zu Besuch. Zusammen mit dem finnischen Maler Albert Edelfelt setzte er sich für die Kandidatur von Purvītis ein. 1898 konnte der junge Künstler daher eine fünfmonatige Studienreise nach Deutschland, Frankreich, Österreich, Italien und in die Schweiz machen. Zusammen mit seinen Studenten fuhr der berühmte Landschaftsmaler Archip Kuindshi als Professor mit, der Rozentāls und Valters für drei Wochen auf seine Kosten mitfahren ließ. Das Erlernen der westeuropäischen Kunst gab Purvītis vergleichende Erfahrung, und 1900 eroberte er sich mit seinen schneereichen Winterlandschaften den ersten internationalen Erfolg - die Bronzemedaille der Weltausstellung in Paris. 1901 bekam er eine Goldmedaille auf der 8. Münchener Sezessionsausstellung und eine weitere Auszeichnung auf der internationalen Kunstausstellung in Lyon. Dort wurde er auch mit dem französischen Kreuz des Verdienstes, „Croix de Merete", geehrt. Im Jahr 1913 wurde Purvītis Akademiker der Kunstakademie von St. Petersburg.

Bis 1906 war der Künstler nur freischaffend tätig, nachdem er aber nach Reval übergesiedelt war, wurde er bis 1909 Lehrer an der Domschule und am Realgymnasium Peter I. Im letzteren hat er den späteren Reichsminister Alfred Rosenberg im Zeichnen unterrichtet.[5] 1909 kehrte Purvītis nach Riga zurück und wurde Direktor der städtischen Kunstschule. Die Lehrarbeiten der Schüler hatten Erfolge in der Petersburger Kunstakademie, und Purvītis träumte, dass es eine Kunstakademie auch in Riga geben könne, leider aber haben sich seine Pläne wegen des Ersten Weltkrieges erst im Jahre 1919 verwirklicht.[6]

Das frühe Schaffen von Purvītis stellt die Welt realistisch dar und bringt die Kompositionen in harmonischer Ausgewogenheit. Doch nach und nach bekamen seine Naturdarstellungen eine expressionistische Dynamik sowohl durch seinen lebhaften Pinselstrich als auch durch grelle Farben. Seine Malerei

---

[5] J. Silioo, Latvijas māksla. Stokholm 1980, S. 106. Purvītis ist mit A. Rosenberg nochmals während des Ersten Weltkrieges in Moskau und in Petersburg und in den 20er Jahren in Berlin und München zusammengekommen.

[6] Die Lettlands Kunstakademie nahm ihre Tätigkeit 1921 auf und V. Purvītis war der erste Rektor bis 1934. Er war auch Professor und Leiter der Meisterwerkstatt der Landschaftsmalerei (1921-1940), wie auch Direktor des Staatlichen Kunstmuseums (1919-1944).

kann aber mit keiner Schule in Verbindung gebracht werden, weil in ihr Einflüsse des Impressionismus, des Postimpressionismus und auch des Expressionismus fehlen. (Abb. 2)

Die besondere Begabung des Künstlers ist es, die Frühlingslandschaft mit dem tauenden Schnee sowie den braunvioletten Birkenhainen, den goldenen Herbst und auch den blühenden Frühling einfühlsam darstellen. Sehr sensibel und majestätisch zugleich malte er das Erwachen der Natur nach der Erstarrung im Winter, so wie man es in Lettland im März überall beobachten kann. (Abb. 2) Die Schilderung seiner lyrischen Herbstlandschaften stimmt uns jedoch durch die grauen Regenwolken mitunter traurig. Daneben aber hat Purvītis relativ wenige Sommerlandschaften gemalt, weil ihn die grüne Farbe gelangweilt hat.

Der Meister hat auch konkrete Orte wie Majorenhof/Majori und Segewold/Sigulda in Lettland, Reval/Tallinn, die Felsen in Norwegen und auf Spitzbergen gemalt, doch sein Grundmotiv blieb Lettlands Natur in ihrer charakteristischen Gesamtheit. Purvītis arbeitete immer und in allen Jahreszeiten direkt in der Natur. Im Atelier hat er dann die großen Werke nach seinen Skizzen geschaffen.

Es ist nicht unwichtig, wie lettische Kunst im Ausland aufgenommen wurde. Ein Artikel über V. Purvītis erschien schon 1905 in der englischen Kunstzeitschrift „The Studio", und der russische Kunstkritiker J. Tugendhold schrieb: „Ungeachtet nordischer und französischer Kultureinflüsse ist in den Werken von Purvītis und Rozentāls eine nur ihnen eigene stille Nachdenklichkeit spürbar, keine russische, lyrische, sondern eher eine durch die Nähe des Meeres bedingte kontemplative Meditation. Die Empfindungen beider Künstler gleichen denen eines Ackermannes: Sie sind ernst, gedankenvoll und haben einen Hauch von Wehmut."[7]

---

[7] Jānis Rozentāls, (Sastādītāja un teksta autore I. Pujāte). Rīga 1991.

Jānis Valters (Johann Walter-Kurau, 1868-1932) malte als Abschlussarbeit an der Kunstakademie in St. Petersburg das Gemälde „Markt in Jelgava"/Mitau (Abb. 3), auf dem er das Leben in einer Kleinstadt schildert. Später jedoch, als seine Handschrift immer malerischer geworden ist, interessierten ihn solche Sujets nicht mehr. Da wandte er sich stimmungsvollen Landschaften zu und malte Bilder für den Salon, in denen neben einem Farbenreichtum auch eine raffinierte Beleuchtung von Bedeutung ist. Auch bei seinen Porträts war ihm die Wiedergabe der Stimmung der dargestellten Person wie bei den Impressionisten mehr Wert als die äußere Ähnlichkeit (Abb. 4).

1906 ging Valters nach Deutschland und lebte in Dresden. Dort fand er als Ausländer keine besondere Beachtung und ist daher vorwiegend als Pädagoge tätig gewesen. In Deutschland wandte er sich dem Expressionismus zu, wobei er sich der Münchner Künstlergruppe „Der blaue Reiter" verbunden fühlte.

Arturs Baumanis (1867-1904) war eine eigenartige Erscheinung in der lettischen Kunstgeschichte. Sein Vater Jānis Baumanis war der erste lettische Architekt, der, z.B., die Häuser von Kerkovius, Menzendorff, Hammer, Morberg u.a. im Stil des Historismus gebaut hat. In der Mitte des 19. Jahrhunderts waren dies die ersten Gebäude außerhalb der Stadtmauer von Riga. Zusammen mit dem Architekten R. Pflug baute er auch das Ritterhaus, in dem jetzt die „saeima" - Lettlands Parlament - tagt. Das Familienleben der Baumanis war deutsch geprägt, und Artur hat mit seinen Kollegen lieber Deutsch gesprochen. Doch gerade er hat mit dem Bild „Das Schicksalsross" (1887) zum ersten Mal die Urgeschichte der Letten dargestellt. Darauf zeigt er die Einführung des Christentums im 12. Jahrhundert. Ein lettischer Stamm hatte einen deutschen Mönch gefangen genommen, und das weiße Roß sollte sein Schicksal entscheiden. Weil das Ross mit dem rechten Huf über den Speer stieg, wurde der Mönch freigelassen. Später kehrten die Mönche zusammen mit den Kreuzrittern zurück, und die Urletten wurden mit Gewalt getauft. Weil die Urgeschichte Lettlands damals, 1887, noch durch kein archäologisches Quellenwissen präzisiert sein konnte, musste der Künstler das fehlende Wissen durch seine Phantasie für die Darstellung der Kleidung und der Waffen ergänzen.

Ādam Alksnis (1864-1897) war der Gründer des Studentenzirkels „Rūiis" und auch Ideologe dieser Künstlergruppe in St. Petersburg. 1892 erhielt er den Künstlergrad der dritten Stufe und kehrte nach Lettland zurück. In seinem überaus kurzen Leben hat er viele Zeichnungen, aber nur wenige Gemälde hinterlassen. Obwohl Alksnis als Schlachtenmaler ausgebildet worden war, widmete er seine Zeichnungen dem Leben der Bauern und der lettischen Folklore.

Aleksandrs Romans (1878-1911) lernte das Zeichnen zunächst auf dem Gymnasium in Mitau/Jelgava bei dem Porträtisten Julius Döring. Die Kunstakademie in St. Petersburg besuchte er seit 1904 und beendete seine Ausbildung mit dem Gemälde „Der Konfirmationstag in Kurland". Später aber malte er vor allem Landschaften und Porträt.

Pēteris Krastiņš (1882-1942 oder 1943) hat mit einem Auslandsstipendium die Stieglitz-Zentralschule für technisches Zeichnen bis 1907 besucht, woraufhin er sich in Paris, Florenz und Rom (1908-09) weitergebildet hat. Seine Ölgemälde und Pastelle zeigen, dass er einer der begabtesten jungen Künstler seiner Zeit war. Leider war sein Schicksal tragisch, weil er sich seit 1912 in einer psychiatrische Klinik aufhalten musste, wo er während des Krieges zusammen mit anderen Kranken von den Nazis umgebracht worden ist.

Am Anfang des 20. Jahrhunderts wurde das Kunstleben in Riga durch weitere junge Maler belebt, die hier an Blums Kunstschule und auch in Westeuropa eine professionelle Ausbildung erhalten hatten. Es waren Jānis Jaunsudrabiņš, Peteris Kalve, Voldemars Krastiņš und Aleksandrs Štruls.

Peteris Kalve (1882-1913) hatte 1908 bei Lovis Corinth und bei Walter Leistikow in Berlin gelernt, wobei Leistikow einen besonders großen Einfluss auf ihn ausgeübt hatte. So malte Kalve dort mehrmals die Landschaft des Sees von Grunewald, z.B. „See", 1910.

Voldemārs Zeltiņš (1879-1909) war ein sehr eigenwilliger Mensch. Auch er wurde an Blums Kunstschule im Stil des russischen Realismus ausgebildet. Doch diese Schule musste er verlassen, weil man glaubte, dass er zu sehr von der Malweise Purvītis, beeinflusst war.[8] Außerdem hatte er eine sehr eigenwillige Malweise entwickelt, da er seine pastose Farbe auf seinen Leinwänden nicht mit dem Pinsel, sondern mit einer Spachtel direkt aus der Tube aufzutragen pflegte (Abb. 5). Durch diese Technik zeigen seine Arbeiten eine gewisse Verwandtschaft zu Vincent van Gogh, obwohl er dessen Gemälde nie gesehen hat.

Um die Jahrhundertwende stand die Kunst in Lettland unter verschiedenerlei Einflüssen. Einerseits wurde sie durch Stilmittel des Impressionismus, des Postimpressionismus, der finnischen Nationalromantik und die der russischen Künstlergruppe „Mir iskustva" (Kunstwelt) geprägt, andererseits nahm man sich die Maler James Whistler, Franz von Stuck und Arnold Böcklin zum Vorbild. Vom Januar bis März 2000 wurde im Staatlichen Kunstmuseum von Riga die Ausstellung „Symbolismus und Jugendstil in der bildenden Kunst Lettlands" gezeigt, in der auch Arbeiten der deutschbaltischen Maler wie Bernhard Borchert, Alice Dannenberg, Alice Dmitrijew, Ernst Gaehtgens, Moritz von Gruenewaldt, Roland Walter u.a. ausgestellt worden sind. Die reich illustrierten Jahresbände der Zeitschrift „Bildende Kunst in den Ostseeprovinzen"[9] machen

---

[8] J. Jaunsudrabiņš, Atmiòas. (Voldemārs Zeltiņš). Kopoti raksti 15 sçjumos. Rīga 1985. 4.sçj. 166.lpp.

[9] Bildende Kunst in den Ostseeprovinzen. Architekturverein zu Riga. Riga. 1907-1913.

deutlich, dass am Anfang des 20. Jahrhunderts der Symbolismus und der Jugendstil besonders populär gewesen sind. Beide Stilrichtungen wurden oft in einer Komposition vereint. Jānis Rozentāls (Abb. 1) erklärt dies Phänomen in seinen Briefen[10] und Aufsätzen. In seiner Malerei bevorzugte er jedoch mythologische und folkloristische Themen, bei denen das Unwirkliche von Märchen und Sagen in lyrischer oder pessimistischer Stimmung vorherrscht. Viele seiner Arbeiten stehen unter dem Einfluss der deutschen Malerei wie besonders das Pastellbild „Das Mädchen und die Geister" (1907) das an das Seestück mit Tritonen von Arnold Böcklin erinnert. Einerseits wirkt das Bild, das vermutlich den Geschmack der Gesellschaft getroffen hatte, sehr banal, doch andererseits müssen uns die merkwürdigen Geister durch ihre herzliche Naivität gefallen. Der Einfluss eines anderen Malers, nämlich von Franz von Struck, ist bei Rozentāls bei der schicksalhaften Eva in seinem Bild „Versuchung" (1909), zu spüren. Diese Gemälde greifen den Symbolismus auf, zu dem auch seine weiteren Gemälde mit biblischen Themen gezählt werden müssen.

Die Malerei von Jānis Rozentāls reflektierte viele Stilmittel des Jugendstils, so z. B. die bewegte Linie, das blasse Kolorit, dekorative Ornamente, die Liebe zu floralen Motiven und das vertikale Format. Dies entspricht natürlich dem Zeitgeschmack, und sein Leinwandgemälde „Akadien" (1910) ist gleichsam eine Apotheose des Jugendstils. 1913 beteiligte sich J. Rozentāls an der Münchener Secession und stellte dort „Die Prinzessin und der Affe" aus (Abb. 6). Mit der Dame in s-förmiger Haltung vor rein ornamentalem Grund ist dies ein typisches Jugendstilgemälde.

Purvītis gab seinen Werken einen stark lyrischen Charakter, weil er das Licht der Dämmerung nach dem Vorbild skan-

---

[10] Dzīves palete. Jaòa Rozentāla sarakste. I.Pujātes un A. Putniòas-Niedras sakārtojumā. Rīga. 1997.

dinavischer Maler, die ihre nationale Romantik pflegten, malte. Ähnliches findet man auch in der englischen Zeitschrift „The Studio", nicht aber in Südeuropa, weil es dort die langen Dämmerstunden des Nordens nicht gibt. Bei Ausstellungen der englischen und schottischen Malerei in St. Petersburg und Deutschland kann Purvītis durchaus Ähnliches entdeckt haben. Diese Stimmung zusammen mit Jugendstilelementen und einer entsprechenden Bildkomposition zeigt sich deutlich auf dem Gemälde „Der Winter" (um 1910), wo die Silhouette der dunklen Baumgruppe im Gegenlicht als Farbkontrast zum sonnenbeschienenen hellen Hintergrund aus gleißendem Schnee ganz im Sinne des Jugendstils zu verstehen ist (Abb. 7). In diesem Stil hat Purvītis aber nur eine relativ kurze Zeit gearbeitet, dabei jedoch Bemerkenswertes hervorgebracht.

Die Jugendstilgemälde von Jānis Valters stellen auf ähnliche Weise lyrische Landschaften dar. Er liebt beim Wasser die Reflexlichter auf den Wellen und malte um 1904 einen „Wald" mit schlanken und zerbrechlichen Birken. Ein blasses, kreidiges Kolorit setzt er dabei für die skandinavische Wirkung der Dämmerung ein. Eben solche Lichteffekte benutzte er auch bei seinen Porträts, da die matte Beleuchtung die Figuren mit dem Raum, in dem sie sich befinden, verschmelzen läßt.

Besonders ausgeprägt ist der Jugendstil gerade bei Bucheinbänden und bei Buchillustrationen. Ein beachtenswerter Künstler auf diesem Gebiet war Jānis Rozentāls, obwohl gerade er diesen Zweig der Kunst nicht besonders hoch gewertet hat, da sich bei vielen Radierungen damals eine Dekadenz bemerkbar machte, für die das „Grab des Dichters" (1913) von Rihards Zariņš (1869-1939) ein charakteristischer Beleg ist. Teodors Īders (1868-1915) zeichnete gern mit Kohle und schuf seinen eigenen symbolischen Realismus. In dieser Stilform stellte er das Bauernleben dar, aber auch biblische Themen wie „Christus am Kreuz" (1907-1909).

Das Wesen von Symbolismus und Jugendstil, entspricht allgemeinmenschlichen Ideen und Bedürfnissen. In der lettischen Kunst aber bekommen sie auch nationale Merkmale, die der romantischen Welt der Märchen und Volkslieder entlehnt sind.

Für solche Stilvariationen war das Jahr 1910 von großer Bedeutung, da in diesem Jahr die erste lettische Kunstausstellung stattfand, auf der 33 Künstler mit mehr als 400 Arbeiten vertreten waren. So konnte mit einem Mal gezeigt werden, dass das kleine lettische Volk, das im 19. Jahrhundert zum ersten Mal den lettischen Teil der baltischen Provinzen als Lettland bezeichnet hat, auch in der Lage war, eine professionelle, zeitgenössische Kunst ins Leben zu rufen.

Abb. 1 Jānis Rozentāls. – Selbstbildnis. 1900

Abb. 2   Vilhelms Purvitis – Kaisergarten. Um 1914

Abb. 3　Janis Valtetrs (Johann Walter-Kurau)
Markt in Mitau. 1897

Abb. 4 Janis Valters (Johann Walter-Kurau)
Bauernmädchen. 1900

Abb. 5   Voldemās Zeltiņš - Landschaft. Um 1904

Abb. 6 Jānis Rozentāls - Prinzessin und der Affe. 1913

Abb. 7   Vilhelms Purvītis - Winter. Um 1910

DIE KUNSTAUSSTELLUNGEN IN REVAL IM 19. JAHRHUNDERT

Rein Loodus

Obwohl die größeren estnischen Städte als Kunstzentren des Baltikums schon im Mittelalter eine wesentliche Rolle spielten, entstand hier jedoch erst in den letzten Jahrzehnten des 18. Jahrhunderts ein Kunstleben im zeitgenössischen Sinn. Die Aufklärung hatte der bildenden Kunst in Estland zweifellos Anregungen gegeben, und die freien Künste vom Handwerk befreit. Das 19. Jahrhundert brachte eine kraftvolle, aber auch komplizierte Entwicklung des Kulturlebens mit sich, das bis zum Jahrhundertausgang vorwiegend eine Domäne der Deutschbalten geblieben ist. Die deutschbaltischen Literaten - darunter auch Künstler und Kritiker - standen immer in enger Verbindung mit Deutschland und waren deshalb über die dortigen Kultur- und Kunstereignisse gut orientiert. Einen Auftrieb zur Belebung und Modernisierung des zeitgenössischen Kunstlebens in Estland gab die Wiedereröffnung der Dorpater Universität (1802) mit ihrer Zeichenschule, über deren Tätigkeit vor einigen Jahren Dr. G. Krüger mit der Carl-Schirren-Gesellschaft durch eine umfassende Ausstellung mit schönem Katalog berichtet hat. Neben Dorpat blieb aber Reval, die größte Stadt Estlands (am Anfang des Jahrhunderts etwa 10.000, am Ende schon 60.000 Einwohner), das wichtigste Kunstzentrum des Landes.

Am Ende des 18. Jahrhunderts gab es in Reval ein verhältnismäßig reges Kulturleben - Theater, Buchhandlungen und Kunsthändler, Wanderkünstler, Kunstgewerbe; einige Künstler, wie 1795 der aus Flensburg gekommene Maler Johannes Hau, knüpften beständige Beziehungen zum hiesigen Kulturleben an. Ein wichtiges Ereignis des ausgehenden Jahrhunderts war in Reval die erste Kunstausstellung im Dezember 1798.[1] Sie zeigte eine Kupferstichsammlung und Gemälde flämischer, niederländischer und deutscher Meister von örtlichen Sammlungen und Buchhändlern, die erstaunlicherweise die große Kunstwelt interessierte. Weitere Veranstaltungen von historischen Kunstausstellungen setzten gegen 1800 ein. Die wenigen ortsansässigen Künstler konnten jedoch noch nicht an einer Ausstellung teilnehmen. In Anbetracht dessen, dass die ersten Kunstausstellungen bei den Nachbarn - in Riga 1820, in Helsingfors 1845 - merklich später stattfanden, zeigt sich Reval im Vergleich mit anderen Städten Nordosteuropas als erstaunlicher Vorläufer.

Das neue Jahrhundert hat in Reval einen regen Kunstbetrieb ausgelöst. Die Zahl der hier arbeitenden Künstler stieg mit jedem Jahrzehnt an. Die Rolle der Buch- und Kunsthandlungen wuchs, einige von ihnen, wie das Comtoir für Literatur und Kunst von F.F. Kosegarten (um 1815-1821), die Kunsthandlung von Avanzo in den 1820-1850er Jahren, die L.H. Petersens Kunsthandlung u.a. veranstalteten Kunstausstellungen für den Verkauf.

Den Anfang zur Förderung des Kunstverständnisses beim breiten, bisher kunstfremden Publikum spielten die damals sehr beliebten „unterhaltenden Veranstaltungen". Auch in Reval gab es seit den 1820er Jahren wandernde Kosmo-, Dio- und Pano-ramen verschiedener Art, lebende Bilder usw., bei denen die darstellenden Künste eine große Rolle spielten. Das erste Komorama mit eigenen Landschaftsbildern aus der Umgebung Revals wurde vom vormals erwähnten J. Hau im Sommer 1832 gestaltet.[2]

Die Kunstausstellungen nahmen jetzt im städtischen Kulturleben einen festen Platz ein. In den ersten Jahrzehnten hatte

---

[1] Revalische Wöchentliche Nachrichten, 13. Dez. 1798.
[2] RWN, 13. Juni 1832.

sich in Reval eine Gruppe von Künstlern (J. Hau, C.S. Walther, G.W. Pezold, P. Neus u. a.) und von Liebhabern zusammengefunden, wodurch die Durchführungen von Kunstausstellungen möglich wurde. Die zweite Kunstausstellung in Reval fand im Jahre 1817 statt. Ihr Veranstalter F.F. Kosegarten schrieb in den „Revaler Wöchentlichen Nachrichten" schwärmend darüber:

„*Auch unter uns glimmt der Götterfunken, das Todte verlebendigend und Natur verherrlichend durch Lied, Ton, Pinsel und Grabstichel. Nur wirkte es bisher im Stillen und bescheiden im engen Kreise ohne Rückwirkung auf die Außenwelt. Doch dem Kunstjünger liegt die Pflicht ob, nicht bloß für sich, sondern auch nach außen möglichst zu wirken. So haben ... mehrere wackere Künstler sich vereint, verschiedene ihrer gelungensten Arbeiten aus dem weiten Gebiete der schönen Malerei dem kunstliebenden Publiko zur Ansicht vorzulegen".*[3]

Obwohl uns keine andere Information über dieses Unternehmen zur Verfügung steht, kann man annehmen, dass die Aussteller die Revaler Künstler J. Hau, A.F. Schuch, C.S. Walther u. a. gewesen sind. Es verging aber mehr als ein Jahrzehnt, bis die Revaler Künstler aufs Neue auf die öffentliche Bühne traten (inzwischen hatte der unternehmungslustige J. Hau eine Einzelausstellung mit Ansichten der städtischen Umgebung, die erste solcher Art in Reval, 1823, zustande gebracht)[4] - auf die Anregung des Estländischen Hilfsvereins folgten 1828 und 1829 erfolgreiche und auch finanziell ertragfähige Kunstausstellungen ortsansässiger Meister.[5] Die Einkünfte dienten gemäß der sich herausbildenden Tradition den Armen zur Unterstützung. Näheres über die Ausstellungen ist uns nicht bekannt.

---

[3] RWN, 25. Juni 1817.
[4] RWN, 30. Juli 1823.
[5] RWN, 23. Juli 1828; Esrhona, 1. Juli 1829.

In den folgenden Jahrzehnten war Kunsthändler D. Avanzo der Veranstalter der Ausstellungen in Reval. Seine Verkaufsausstellungen, sogenannten „Galerien", fanden bis Mitte des Jahrhunderts fast in jedem Jahr statt. Avanzo hatte enge Verbindungen zu Pariser Kunstverkaufszentren,[6] und seine Expositionen mit Gemälden, Kupferstichen und Lithographien hatten viel dazu beigetragen, die Lücke in der Ausstellungstätigkeit dieser Jahren zu füllen. Obwohl die Bilderausstellungen nicht mit großen Meisterwerken glänzten, konnte sich der Revalenser dort doch mit der zeitgenössischen und alten Malerei (durch Kupferstiche) vertraut machen, Bilder erwerben und damit ihr Heim schmücken. Der Anteil der hiesigen Künstler in der Handlung Avanzos bleibt offen.

In den 1830ern Jahre gab es in der Presse die erste Kunstkritik. Sie lösten belanglose Aussagen durch konkrete Meinungen ab. So beschrieb zum Beispiel 1838 eine kleine Rezension in der Zeitung „Das Inland" mit wenigen Worten eine Ausstellung des skandinavischen Porträtisten C. Lehmann.[7] Mehrere Berichte veröffentlichte man auch über die von dem Estländischen Hilfsverein organisierte Ausstellung mit Gemälden und graphischen Werken aus Privatsammlungen der Stadt und von hiesigen Malern: K. v. Kügelgen, K.T. v. Neff, A. Pezold, C.S. Walther u.a.[8] Mit dieser Ausstellung begann eine Tradition, auf diese Weise sowohl einen Überblick über das Schaffen der örtlichen Künstler als auch von den Kunstsammlungen zu geben. Ein solcher Ausstellungstyp wurde damals in Deutschland von den Kunstvereinen gepflegt, in Estland aber gelang es im Laufe des 19. Jahrhunderts nicht, einen einzigen Kunstverein zu organisieren. Den Gewinn dieser Ausstellungen oder einen Teil davon verwandte man damals für wohltätige Zwecke.

---

[6] V. Vaga, Kunst Tallinnas XIX. sajandil. Tallinn 1976, S. 36.
[7] Das Inland, 6. April 1838.
[8] Ibidem.

Das Kunstleben in der ersten Hälfte des 19. Jahrhunderts beschränkte sich in Reval natürlich nicht nur auf diese obenerwähnten Ausstellungen. Es gab auch andere kleinere Kunstexpositionen verschiedener Art, mit dem Verkauf von Lithographien und Kupferdrucken sowie mit Verlosungen der Kunstwerke. Viele Wander- und ortsansässige Künstler beschäftigten sich eifrig mit dem Porträtieren der Bürger. Obwohl die Versuche, eine Kunstschule zu gründen ergebnislos geblieben sind, herrschte eine rege Tätigkeit auf dem Felde der privaten Kunstlehre.

Man wollte in der 1. Hälfte des 19. Jahrhunderts, als die Romantik ihren Höhepunkt erreicht hatte, durch diese Ausstellungen Künstlern und anderen Literaten die Möglichkeit geben, ihre Leistungsfähigkeit zu zeigen und damit zu beweisen, dass auch hier im Krähenwinkel Europas ein so erhabenes Phänomen wie die Kunst existiert.

In der zweiten Hälfte des vorigen Jahrhunderts hat sich das Kulturleben in Reval merkbar intensiviert und modernisiert. Das nationale Erwachen hatte die ersten Keime estnischer Kunst hervorgebracht, jedoch im Schutze des deutschbaltischen Kunstlebens. Auch die Presse wurde gestärkt. Zwei große deutsche Zeitungen stellten das damalige Kunstleben in Besprechungen und mit sachverständiger Kritik vor. In der jungen estnischen Presse wurden Fragen der Kunst jedoch nur fragmentarisch berührt.

Nach der Gründung der Estländischen Literärischen Gesellschaft (ELG) 1842 hatte besonders die Gründung des Estländischen Provinzialmuseums (1864) - dank der Tätigkeit der damaligen Zentralfigur des Revaler Kunstlebens, des Journalisten und Künstlers L. v. Pezold - eine besondere Bedeutung für das folgende Kulturleben in Reval. Man organisierte Vorlesungen und Zeichenkurse und legte eine Kunstsammlung an. Am wichtigsten war aber die Durchführung von Kunstausstellungen. Auf diese Weise entstand ein Kunstzentrum, damals einzigartig in Estland. Dieses Museum mit seiner Schausammlung und mit seinem Ausstellungssaal brachte den Stadtbürgern die bildenden Künste sehr nah. Seine oft wechselnden Expositionen und Sonderausstellungen gaben ein recht eingehendes Bild vom Schaffen der einheimischen Künstler. Nach und nach zeigte man auch ausländische Kunst.

Eine ausschlaggebende Bedeutung bekamen die 1850er Jahre. Damals fanden in Reval größere Kunstausstellungen statt, in denen Werke aus Privatsammlungen der Stadt und der Umgebung (die Sammlungen von Stackelberg, von Ungern-Sternberg, von A. Koch u.s.w.) und auch von Revaler Künstlern zahlreich ausgestellt worden sind. So gaben die Ausstellungen 1850 und 1852, die von G.A. Hippius, einem energischen Künstler, organisiert waren, einen erstaunlich lebendigen Eindruck der Kunstsammlungen. Neben berühmten Namen der italienischen, niederländischen und deutschen Schulen wie Mantegna, Carracci, van Dyck, Teniers, Holbein, Kaulbach u.a. waren ortsansässige Künstler wie Hippius selbst, Walther und E.H. Schlichting vertreten. Einer von den ersten kritischen Aufsätzen in der Presse bringt auch erstmalig ein Verzeichnis der ausgestellten Werke.[9] Die zweite von Hippius veranstaltete Gemäldeausstellung[10] hatte ähnlichen guten Erfolg. Das kurzfristige Wirken von Hippius in Reval stieß ein verstärkt wissenschaftlich orientiertes Kunstleben an. Er verfasste nämlich Lehrbücher über die Kunst, führte als Mitglied der ELG eine Bestandsaufnahme der Kunstschätze durch, erteilte Malunterricht u.a. Die 1857 organisierte große Übersichtsausstellung aus Privatsammlungen war bemerkenswert, weil sie der Anzahl der Exponate nach die umfangreichste gewesen ist und Spitzennamen der Kunstgeschichte vorstellte wie Rubens, Lorrain,

---

[9] Ibidem, 6. Nov. 1850.
[10] Revalsche Wöchentliche Nachrichten, 8. Sept. 1852; Das Inland, 15. Sept. 1852.

Poussin, Breughel und auch bekannte Künstler der Gegenwart wie Hasenpflug und Dahl. Die heimischen Künstler zeigten mit ihren estlandbezogenen Werken vor allem Landschaftsbilder, Porträts, Genrebilder von Hippius, A. Pezold, Schlichting und L. Petersen. Das bewies die Entstehung einer gewissen Estophilie unter den Künstlern, was durch deren Interesse an der Romantik für die heimische Natur und das Bauerntum verstärkt worden ist. Über diese Ausstellung wurde eine detaillierte Besprechung[11] geschrieben, in der auch die beschränkte kleinbürgerliche Einstellung des Publikums erwähnt wird.

In den Jahren 1860-1870 (und auch in den folgenden Jahrzehnten) zeigte das Museums viele kleinere Kunstausstellungen, in denen die wachsende örtliche Künstlerkolonie besonders übersichtlich und gut vertreten war, wie L. v. Pezold (der 1870 Reval verließ), E.H. Schlichting, E. Dücker, G. v. Bochmann, A.G. Schlater, T.A. Sprengel, J. Klever, E. v. Gebhardt, H. Kosakowsky, C. v. Winkler u. a. Einige von diesen Künstlern arbeiteten oder lernten schon in Deutschland. Privatsammlungen wurden vor allem auf den Ausstellungen in den Jahren 1876, 1878 und besonders 1888 der Öffentlichkeit vorgestellt. Immer wurden auch Graphiken und Photos von klassischen Kunstwerken gezeigt (so die Zeichnungen von H. Vernet und Radierungen von J. Callot in 1860er Jahren) und von der Presse kommentiert.

Im letzten Drittel des 19. Jahrhunderts wurden in Reval immer öfter Werke von jungen estnischen Künstlern, vor allem vom Bildhauer A. Weizenberg und A. Adamson, gezeigt. 1878 hat man sogar zum ersten Mal eine Einzelausstellung des Bildhauers A. Weizenberg im Provinzialmuseum veranstaltet. Fünf Jahre später erfolgte ebenda eine weitere Ausstellung des gleichen Künstlers, die der bekannteste Revaler Kritiker, selbst Maler T.A. Sprengel ausführlich besprach und dabei besonders

---

[11] Schrum, Gemälde-Ausstellung. Das Inland, 13. Mai 1857.

die hohe Technik in der Behandlung des Marmors lobend erwähnte.[12]

Weitere Ausstellungen folgten 1883, 1887, und 1894, die ein großer Publikumserfolg waren und auch von der Kritik sehr günstig aufgenommen worden sind. Man betonte Weizenbergs Meisterschaft als Porträtist und die Bedeutung seiner Werke mit nationalen Themen.[13] Die Werke des estnischen Bildhauers A. Adamson, die in den Jahren 1893, 1898 und 1900 in Reval ausgestellt wurden, hatten im Gegensatz zu Weizenberg den klassizistischen Stil überwunden und wurden daher von der Kritik besser besprochen.[14] Mit den Malern J. Köler, P. Raud u.a. wurden auch junge Esten bekant. Die ersten allestnischen nationalen Kunstausstellungen warteten aber noch auf ihre Zeit.

Eine neue und wesentliche Belebung des Revaler Kunstlebens der letzten Jahrzehnte des Jahrhunderts war die Vergrößerung des Ausstellungsprogramms durch zeitgenössische Kunst der Nachbarländer. Einzelne Beispiele der gegenwärtigen Kunst waren schon gezeigt worden, aber Ausstellungen mit ausschließlicher ausländischer Kunst hatte es noch nicht gegeben. Dazu zählten die erfolgreichen Verkaufsausstellungen des Hamburger Kunsthändlers W. Jasper und des Wiener Kunsthändlers Zilzer. Sie haben 1883 erstmalig größere Kollektionen der europäischen Malerei nach Reval gebracht und zeigten Werke der Wiener und der Münchner Schule. Als Zilzer mit seiner großen Ausstellung von guten Kopien einen Blick auf die zeitgenössische Malerei (H. Makart, H. Thoma u.a.) öffnete, war diese Exposition „nur der Vorläufer höherer Genüsse im Reiche der bildenden Kunst". Ein wirklicher Kunstfrühling traf aber in Reval mit der Ausstellung Jaspers ein, und der Kritiker T. A. Sprengel setzt fort: *„Seit Donnerstag ist nun im Re-*

---

[12] Revaler Beobachter, 15. Sept. 1883.
[13] Revaler Beobachter, 1. Juli 1887; 27. Aug. 1894.
[14] Sie z.B. T.A. Sprengel, Eingesandt. - Revaler Beobachter, 5. März 1898.

valer Provinzialmuseum, durch die Ausstellung von Originalölgemälden, die Herr Jasper zur Ansicht ... dem Publikum vorführt, der Kunstfrühling in seiner mannigfachen Blüthenpracht für Reval aufgegangen ... Man schreit so viel über den geringen Kunstsinn, der in Reval herrschen soll, aber man hat nie bedacht , in welcher Weise der Kunstsinn sich äußern soll, wenn der Allgemeinheit niemals die Gelegenheit geboten wird, ein Zeugnis dafür abzulegen. Wir haben es in diesen Tagen erlebt, dass das Interesse für die Kunst in Reval durchaus nicht so wenig rege ist..."[15] Wie aus den Rezensionen der Revaler Zeitungen, wo die ausgestellten Gemälde detailliert erörtert wurden, zu sehen ist, haben sowohl beim Publikum als auch bei den Kritikern vor allem die dominierenden romantisch-realistischen Werke von W. Kray, G. Schmitz, H. Thoma u. a. gefallen. In erster Linie, wie hier üblich, hat man die romantische Emotion und die sachkundige Anwendung von realistischen Stilmitteln geschätzt. Der Erfolg dieser Ausstellung hat W. Jasper den Anlass gegeben, in demselben Herbst eine weitere Verkaufsausstellung größtenteils mit Werken derselben Künstler in Reval zu veranstalten. Auch diese Ausstellung hatte großen Beifall, und alle Gemälde wurden von Revalensern gekauft.[16]

Bemerkenswert ist eine Einzelausstellung die 1899 stattfand und die dem deutschen Künstler Sascha Schneider aus Dresden gewidmet war, den man damals bewunderte. Seine Werke des Symbolismus ernteten hier wie auch in Deutschland großen Beifall.

Als sich am Ende des Jahrhunderts das Ausstellungswesen immer mehr belebte, bekam das Revaler Publikum auch finnische und russische Kunstwerke zu sehen. Schon seit den 1870er Jahren waren einige Petersburger Künstler (wie der

---

[15] A. Sp., Die Kunstausstellung Revaler Provinzialmuseum 1. Revaler Beobachter, 28. Febr. 1883.
[16] Revalsche Zeitung, 19. Nov. 1883.

Akademiker S. Aleksandrowski 1879) mit kleinen Ausstellungen vertreten, bis im Jahre 1897 die neugegründete zeitgenössische Kunstabteilung am Provinzialmuseum eine große Ausstellung organisierte, auf der neben der baltischen Kunst auch bekannte russische Meister wie L. Aiwasowski, L. Lagorio und K. Makowski zu sehen waren. Die Kritik hat besonders die Werke von Albert und Alexander Benoist, „des modernen Impressionisten", hervorgehoben.[17]

Das folgende Jahr brachte eine gleichartige große Kunstausstellung, auf der neben Russen (die beiden Benoist, W. Makowskij u.a.) und Balten finnische Künstler dominierten.

Wenn das finnische Kunsthandwerk in Estland schon gut bekannt war, so war die bildende Kunst noch nicht entdeckt. Erst 1892 wurde die erste verhältnismäßig bescheidene finnische Ausstellung in der bekannten Buchhandlung (die Buchhandlungen spielten in dieser Zeit eine große Rolle für die Verbreitung insbesondere der hiesigen Kunst) Kluge & Ströhm organisiert. Die kleine Kollektion zeigte vor allem Landschaftsbilder, die von der Kritik mit Interesse aufgenommen wurden. Die oben genannte Ausstellung von 1898 hatte aber auch schon andere bekannte Künstlernamen vorgestellt (F. Ahlstedt, W. Toppelius, H. Munsterhjelm u.a.). Die Presse hat die Bilder der finnischen Künstler hervorgehoben, vor allem in Bezug auf ihre eklatante echt finnische Behandlungsweise und den Realismus in der Darstellung des Volkslebens. So kam die finnische Kunst durch Vermittlung der Künstler aus der Düsseldorfer Schule nach Estland. Die avantgardistische, zeitgenössische, finnische Kunst erreichte Estland damals aber noch nicht und hätte auch in der hiesigen konservativen Atmosphäre kein Verständnis gefunden. Man darf nicht übersehen, dass das Publikum in der Nachbarstadt Riga zur gleichen Zeit durch ein reges Kunstleben eine bessere Übersicht über die europäische

---

[17] Von der Bilder-Ausstellung 1. Revalsche Zeitung, 19. Juni 1897.

und darunter die finnische Kunst (wie z.B. über den damalig verbreiteten nationalen Romantismus) gewinnen konnte.

Die Jahrhundertwende brachte einen Aufschwung der Kunsttätigkeit. Am Revaler Provinzialmuseum wurde eine Abteilung für moderne Kunst eingerichtet (1897), und 1899 wurde in Riga, dem Zentrum des baltischen Kunstlebens, der Verein zur Förderung des Kunstinteresses mit Wanderausstellungen gegründet. Dieser hatte sich als Ziel gesetzt, größere Ausstellungen, vor allem mit ausländischer Kunst, in den baltischen Städten zu veranstalten. Bei der Organisierung der Expositionen in Reval wirkte die Kunstabteilung des hiesigen Museums mit. Aber das ist schon eine Geschichte des neuen, anbrechenden Jahrhunderts.

Zusammenfassend sei gesagt: Im 19. Jahrhundert gab es in Reval (sowie auch in Dorpat) fast alle Formen von Kunstausstellungen, natürlich mit Ausnahme von akademischen Ausstellungen. Außer dominierenden Gemäldeausstellungen gab es Kunstgewerbeausstellungen und öffentliche Wettbewerbe von Architektenausschreibungen. Sehr verbreitet war das Vorstellen vor allem von neuen Altarbildern baltischen Maler sowie sensationeller Historienbilder. Interesse erweckten sogenannte Charaden, das sind lebendige Bilder als Darstellung einiger Gemälde mit musikalischer Begleitung. Die Besucherzahl der Ausstellungen war ungleichmäßig, unter den Besuchern waren gegen Ende des Jahrhunderts auch mehr und mehr Esten. Wegen des dominierenden konservativen Kunstsinns, vor allem aber wegen ungeregelter Ausstellungstätigkeit (in Estland gab es damals noch keinen Kunstverein, das Museum hatte seinen Beitrag nach Kräften geleistet) erreichten die modernsten Kunstrichtungen kaum unsere Stadt. Das baltische Kunstschaffen, die hiesigen verhältnismäßig reichen Sammlungen wurden auf den Ausstellungen der Öffentlichkeit gezeigt, die Kontakte mit der Außenwelt der Kunst nahmen zu. Auch eine professionelle Kunstkritik, wenn auch in etwas altmodischer Form, hatte sich entwickeln können.

Das 19. Jahrhundert war ein Jahrhundert der Entstehung und der Entwicklung eines regen Kunstlebens (darunter der Ausstellungstätigkeit) in Estland und in Reval, eine Zeit, in der man sich aus der provinziellen Abgeschiedenheit gelöst hat.

DIE DEUTSCHBALTISCHEN SAMMLUNGEN IM MUSEUM FÜR AUSLÄNDISCHE KUNST LETTLANDS, IHR UMFANG UND IHRE BEDEUTUNG

Daiga Upeniece

Das Kulturleben Rigas im 19. Jahrhundert und im Anfang des 20. Jahrhunderts kann man aus zwei unterschiedlichen Gesichtspunkten betrachten: einmal aus heutiger Sicht und zum anderen aus der Situation der damaligen Zeit, in die man sich verantwortungsbewusst einfühlen muss. Dieser Vortrag zum Thema „Die deutschbaltischen Sammlungen im Museum für ausländische Kunst Lettlands, ihr Umfang und ihre Bedeutung" befasst sich mit beiden Aspekten, wobei der Erklärung der Vergangenheit die größere Aufmerksamkeit geschenkt wird. Die Auswertung des umfangreichen Materials wird dabei auf folgende Schwerpunkte konzentriert: Auf die besonders umfangreichen Sammlungen, die in das Museum gelangt sind, auf die Umstände ihrer Entstehung und ihre Geschichte, auf ihre Erwerbsquellen und auf das Leben ihrer Sammler, sowie auf den Charakter jeder Sammlung im Vergleich zu anderen bedeutenden Sammlungen in Riga zur entsprechenden Zeit. Am Anfang des 20. Jahrhunderts hat Dr. Wilhelm Neumann die Grundlagen für diese Untersuchung am Kunstmuseum der Stadt Riga geschaffen. Hierauf wird weiter aufgebaut.

In der ersten Hälfte des 19. Jahrhunderts war es unter Aristokraten wie auch in der gutbürgerlichen Gesellschaft durchaus üblich, sich mit dem Erwerb von Kunstsammlungen zu schmücken. Dies hatte nicht nur im Baltikum zur Folge, dass deren Kunstbesitz nach mitunter wiederholter testamentarischer Weitergabe eines Tages in öffentliche Museen gelangt ist.

So konnten aufgrund von Stiftungen 1816 die Glyptothek in München und 1824 das Alte Museum in Berlin eröffnet werden. Dank der Sammlung des Bankiers Johann Friedrich

Städel wurde 1817 das Städel-Museum in Frankfurt a.M. eröffnet, und in Köln wurde die Sammlung des Kanonikus Ferdinand Franz Wallraf 1824 der Grundstock zur Eröffnung des heutigen Wallraf-Richartz-Museums, während die Gemälde der altdeutschen und niederländischen Malerei aus dem Besitz der Brüder Boisserée sowohl nach Köln als auch nach Heidelberg und Stuttgart gelangt sind. Der englische Kaufmann Edward Solly wiederum hat Anlass zur Gründung des Berliner Königlich Preußischen Kunstmuseums gegeben. Das Testament des Berliner Kaufmanns Joachim Heinrich Wilhelm Wegener bildete 1861 mit den 262 Objekten seiner Gemäldesammlung die Basis für die Gründung der Berliner Nationalgalerie.

Zu dieser Entwicklung des allgemein gestiegenen Kunstinteresses zählen auch die Gründungen vieler Kunstvereine am Anfang des 19. Jahrhunderts: 1818 in Karlsruhe, 1823 in München, 1825 in Berlin, 1826 in Hamburg und Dresden und 1829 in Düsseldorf.

Ein ähnlicher Prozess, wenn auch mit einiger Zeitverschiebung vollzog sich in der deutschen Gesellschaft auf dem Gebiet des heutigen Lettland. 1868 wurde im Obergeschoss des Rigaer Realgymnasiums die erste Gemäldegalerie eröffnet. 1870 folgte die Gründung des Kunstvereins, als dessen Präses August Heinrich Hollander gewählt worden ist. Die 155 Gemälde seiner Sammlung kamen 1872 in die Räume des Rigaer Polytechnikums und 1879 in das L.-Kerkovius-Haus. 1905 wurden sie in neun Räumen des Kunstmuseums der Stadt Riga untergebracht

Der erste Sammler, der seine „Kunstkammer", die auch Gemälde und Graphiken enthielt, der Stadt Riga vermachte, war der Arzt Nikolaus Himsel (1725-1764). Seine vielseitige Sammlung war während seiner Reise nach Deutschland, Holland, England, Frankreich und Italien gewachsen. Sie wurde dank ihrer Vielseitigkeit der Grundstock für mehrere Museen in Riga, in denen die Objekte wegen ihrer hohen Qualität auch heute noch in den verschiedenen Schausammlungen zu sehen sind. Seine 13 Gemälde aber wurden 1868 der Städtischen Gemäldegalerie übergeben.

Der Fundus der Himsel-Sammlung an der Gemäldegalerie wurde mit der Zeit durch hinzukommende Schenkungen und Stiftungen erweitert. Dazu gehören die Zuwendungen von Domeniko de Robiani, Reinhold Philipp Schilling, der Familien Hollander, Kerkovius und Grothus, von James Armistedt, Paul von Transehe-Roseneck u. anderer. Hervorzuheben ist dabei die wertvolle Übergabe der Gemäldesammlung des Rigaer Ratsherrn und Großhändlers Friedrich Wilhelm Brederlo, die 200 Werke umfasste. Mit dieser Stiftung an die Stadt Riga wurde 1905 die Eröffnung des Kunstmuseums der Stadt Riga gefeiert.

Friedrich Wilhelm Brederlo hatte sich vor allem für die Landschaftsmalerei interessiert, bei der er das unterschiedliche Kolorit bewunderte. Er suchte nur Höchstleistungen und fand sie in der niederländischen Malerei des 17. Jahrhunderts. Um diese mit der zeitgenössischen Kunst vergleichen zu können, baute er auch eine umfangreiche Sammlung der deutschen Malerei des 19. Jahrhunderts auf. Dieser Sammlungskern wurde später durch Werke von Malern anderer Länder und Stilrichtungen erweitert. Dazu gehören Belege der italienischen, englischen, französischen, österreichischen, spanischen und auch der deutschen Malerei.

Das Hauptwerk der niederländischen Kunst des 16. Jahrhunderts war in der Sammlung Brederlo ohne Zweifel der 1520 von Jakob van Utrecht gemalte Kerkinger Altar. Seine hohe Qualität mit seinem Farbenreichtum verbindet die Stilmittel der norddeutschen Renaissance mit der noch mittelalterlichen Bildkomposition. Heute befindet sich dieser Altar im St. Annen-Museum in Lübeck. Ihm wurde eine umfangreiche Publikation in der lettischen Kunstzeitschrift „Studija" gewidmet.

Zu der ältesten Periode der Kunstsammlung Brederlo zählen daneben die italienischen Werke aus dem 15. Jahrhundert. Bei diesen Arbeiten unbekannter Meister der äußerst fein und ausdrucksstark gemalten Madonnen lassen sich Stilmittel der Renaissance erkennen, während ihr Goldgrund noch Nachklänge der italienischen Malerei des 14. Jahrhunderts (nach dem Vorbild von Byzanz) erahnen lässt.

Die qualitätvollste Abteilung dieser Sammlung ist aber die holländische Malerei des 17. Jahrhunderts. Gute Beispiele der holländischen Landschaftsmalerei belegen deren generationenalte Tradition in Komposition und Farbgebung. Vertreten sind Arbeiten der anerkannten Maler Joos de Momper (Wende zum 17. Jahrhundert), Pieter de Molyn, Klaas Molenaire, Ludolf Bakjuisen, Frederik Muscheron, Jan Porseliss u.a.

In der deutschen Malerei des 19. Jahrhunderts überwiegen die Landschaften der Romantiker wie von Ludwig Richter, Joseph Anton Koch, Johann Christian Reinhart u. anderen. Es gab auch eine Landschaft von Caspar David Friedrich, die sich jetzt in der Pinakothek in München befindet.

Die Komplexität der Sammlung und ihr Qualitätsschnitt zeugen davon, dass der Sammler ein kenntnisreicher Ästhet im besten Sinne des Wortes gewesen ist. Daher einige Worte zu Brederlo selbst.

Friedrich Wilhelm Brederlo wurde am 7. Dezember 1779 in Mitau/Jelgava als zweiter Sohn von Johann David Brederlo (gest. 1795), des Verwalters der kurländisch herzoglichen Weinkellerei geboren. Seine erste Ausbildung erhielt er in Mitau. 1796, ein Jahr nach dem Tod seines Vaters, siedelte er nach Riga um und besuchte dort die Rigaer Kaufmännische Schule. Die Umsiedlung hatte einen zwingenden Grund, denn 1795 hörte das kurländische Herzogtum auf zu existieren. Aus diesem Anlass zog der letzte Herzog Peter Biron, Sohn von Ernst Johann, nach Schlesien. Das Leben von Friedrich Wilhelm, wie das seines Bruders Peter, war damals durch den Tod des Vaters und den Wechsel ihres Arbeitgebers stark erschüttert. Ihre Zukunft war plötzlich ungeregelt. So zogen sie nach Riga, um eine neue Lebensperspektive zu suchen.

Hier begann Friedrich Wilhelm seine Kariere als Kaufmann. 1825 wurde er zum Ältesten der Großen Gilde gewählt, 1825-1834 war er Ratsherr, 1840-1843 Präses des Börsenkomitees. Parallel dazu arbeitete er auch als Assistent der Polizeiverwaltung und des Landvogteigerichts. 1829 wurde sein selbstloser gesellschaftlicher Einsatz vom Zaren mit dem hl. Annen-Orden dritter Klasse ausgezeichnet. Seine Hauptbeschäftigung war aber seine mit dem Weinbau verbundene Kaufmannstätigkeit.

Er heiratete am 21. Januar 1822 im Alter von 43 Jahren Anna Juliana, die Tochter des Divisionsarztes Reinhold Berens. Sie war die Witwe des Weinhändlers Lamprecht und brachte die Lamprecht-Weinhandlung als Erbe in die Ehe.

Ihre Ehe blieb leider kinderlos, aber Anna Juliana hatte aus erster Ehe drei Kinder: Helena Marie Lamprecht, 1781-1844, verheiratet mit K.E. Brutzer; Katherina Juliane Lamprecht, 1812-1856, verheiratet mit Wilhelm von Sengbusch, und Johann Georg Lamprecht, 1815-1832. Aus diesem Grund berücksichtigte das 1852 von Friedrich Wilhelm Brederlo geschriebene Testament die Stiefkinder und sogar deren Nachkommen, d.h. die Kinder der beiden Stieftöchter, denn der Stiefsohn war schon 1832 in Wiesbaden gestorben.

Wilhelm Friedrich Brederlo gehörte damals ein neben dem Schwarzhäupterhaus in der Maza Grecinieku Straße gelegenes mehrstöckiges Haus mit einem geschlossenen Innenhof. In diesem Haus war in einem Geschoß seine Sammlung von 200 Bildern untergebracht. In seinem Testament äußert er den Wunsch, dass diese Sammlung als Komplex zusammengehalten werden solle und nicht geteilt werden dürfe, selbst wenn sie aus der Maza Grecinieku Straße in andere Räume verlagert

werden müßte. Dies beweist, dass er seine Sammlung sehr bewusst aufgebaut hatte und als eine Einheit betrachtete.
Der Paragraph 5 des Testaments vom 25. April 1852 lautet:
„Die erwähnte in unserem Hause befindliche Gemäldesammlung soll von unseren Nachkommen nicht gesplittert, sondern vollständig wie sie ihnen überkommen, in dem gegenwärtigen Locale erhalten werden. Wenn aber der Fall einträte, dass dereinst keiner der im 4-ten Punkte bezeichneten Nachkommen unserer Töchter die Erhaltung dieser Gemäldesammlung übernehmen wollte oder könnte, soll dieselbe der Stadt Riga, sofern diese zur Ausstellung der Gemälde ein passendes Local einräumt, unentgeltlich zu unveräusserlichen Eigenthum übergeben werden; weshalb auch der erste Besitzer nach unserem beiderseitigem Ableben möglichst bald einem Catalog dem Rathe dieser Stadt zubehändigen hat."

Laut dem Testament, das 1862 in Kraft trat, wird die Sammlung von männlicher Nachkommenschaft der Stieftochter Katharina Juliane von Sengbusch (geb. Lamprecht) geerbt.

Da Katharina Juliane schon 1856 gestorben ist, wird die Sammlung zum Eigentum der Familie von Sengbusch, konkreter - sie geht als Erbe an den Witwer der Katharina Juliane - an den schwedischen Konsul Wilhelm von Sengbusch (1802-1880) vererbt.

Einige Informationen über die Familie von Sengbusch:
Cord Sengbusch (1700-1763) siedelte 1725 von Mecklenburg nach Riga um. Der älteste Sohn von Cord Alexander Gottschalk von Sengbusch (1738-1800) ist seit 1769 der Älteste der Großen Gilde und 1790-1796 Oberbürgermeister der Stadt Riga. Dank seiner diplomatischen Fähigkeiten wird er dreimal ohne Unterbrechung zum Bürgermeister gewählt. Parallel dazu war er ein Kaufmann, der auf internationaler Ebene tätig war. Seine Firma A. G. Sengbusch & Co wurde seit 1796 zu einem der führenden Aus- und Einfuhrhandelsgeschäft mit der Spe-

zialisierung Schifffahrtsunternehmen, Privatbanken und Produktionsunternehmen.

Der Erbe der Brederlo-Sammlung ist Wilhelm von Sengbusch, der Enkel von Alexander Gottschalk. Er erweiterte die Handelskontakte mit Asien, Afrika und Nordamerika, die schon sein Vater, Konrad Heinrich von Sengbusch (1768-1819), Großhändler, Theater-Mäzen und Förderer von Musik und Literatur, aufgebaut hatte. Mehrere Jahrzehnte war er Präses des Rigaer Börsenkomitees, schwedischer und norwegischer Generalkonsul, und war mit dem schwedischen Vasa-Orden ausgezeichnet worden.

Die Familie von Sengbusch wurde mit dem Erbe der Gemäldesammlung offensichtlich deshalb betraut, weil sie sich durch breite internationale Kontakte, durch ihre Tätigkeit in der Stadtverwaltung von Riga und durch ein reges Kunstinteresse seit Generationen ausgezeichnet hatte. All dies hatte sich mit den Interessen der Familie Brederlo gedeckt.

Nach den Testamentsbestimmungen bewahrte Wilhelm von Sengbusch, der Schwiegersohn von Friedrich Wilhelm Brederlo, die Sammlung zunächst an ihrem Ursprungsort in der Maza Grecinieku Straße auf und machte sie der Öffentlichkeit zugänglich. Nach vier Jahren wurde eine Inventarliste veröffentlicht, und 1866 wurde die von Dr. Gross verfasste Beschreibung der Sammlung in drei Folgen in der Rigaschen Zeitung veröffentlicht. Darin heißt es mit Dank an Frau Brederlo, dass die Sammlung im 2. Stock in acht Räumen untergebracht sei. Den Rundgang beschreibt Herr Gross jedoch nicht nach der Hängung, sondern nach den verschiedenen Perioden und Schulen, weil sie dadurch leichter zu überschauen sei. Er beginnt seine Beschreibung mit der italienischen Kunst, weil sie die ältesten Werke der Sammlung beinhaltet, dann folgen die Niederlande, Deutschland und andere Arbeiten einzelner westeuropäischer Zentren.

Seit wann die Sammlung zusammengetragen wurde, ist unbekannt. Man weiß, dass Friedrich Wilhelm Brederlo mehrfach gereist ist und Deutschland, England, Schweden, Frankreich und andere Länder besucht hat. Dort erwarb er die Kunstwerke auf Auktionen und bei Besuchen der Künstler in deren Werkstätten oder Ateliers, wie z.B. bei Gauermann und Dahl. Das Gemälde des spanischen Malers Frederigo de Madrazo erhielt er als Geschenk eines Freundes nach einem erfolgreichen Geschäftsabschluss in Spanien.

Andere Gemälde erwarb er durch die Vermittlung des Bruders mit Hilfe des deutschen Malers Hasenklever auf einer Auktion in Frankfurt a.M. Es kann jedoch nicht mehr festgestellt werden, ob Hasenklever selbst die Auswahl der ersteigerten Werke getroffen hat oder ob er auf Anordnung von Brederlo handelte.

Interessant ist die Entstehungsgeschichte des Gemäldes „Tibras krasts pie Akva Acetozas/Das Tiberufer bei Akva Acetoza". Dieses belegt die Beziehungen Brederlos zu den deutschbaltischen Künstlern in Riga, im Besonderen zu Johann Karl Baehr (1801-1869). Dieses Gemälde gilt mit Recht als eines der schönsten Frühwerke des Romantikers Adrian Ludwig Richter und ist eine Auftragsarbeit für die Sammlung Brederlo. Die Entstehungsgeschichte ist folgende: 1829 kehrte der deutschbaltische Maler Johann Karl Baehr von einer Italienreise nach Riga zurück, doch er möchte, wieder dahin zurückkehren. Daraufhin bittet er Adrian Ludwig Richter (1803-1884), sein Reisebegleiter zu werden. Dieser war zu jenem Zeitpunkt (seit 1828) gerade Porzellanmaler an der Manufaktur in Meißen. Beide Künstler waren gleichaltrig und hatten sich vermutlich bei ihrem Studium an der Kunstakademie in Dresden angefreundet. Aus diesem Grund reiste Baehr 1832 nach Dresden, in die ehemalige Heimat seines Großvaters Georg Baehr. Hier bekam Ludwig Richter den Auftrag, für die Brederlo-Sammlung eine „italienische Landschaft" zu malen, damit er mit dem Honorar die Reise seines Freundes Baehr nach Rom mitmachen konnte.

Richter schreibt dazu: „Ich nahm als Leitmotiv den Tiber bei Akva Acetoza und in wenigen Monaten habe ich das Gemälde gemalt." Für das 1834 in Dresden gefertigte Gemälde verwendete er als Vorlage eine Studienzeichnung vom 6. Dezember 1824, die er als deutscher Romantiker während seiner Italienreise (1823-1826), als er das „verlorene Paradies" suchte, gemalt hatte.

Der von Baehr so gut eingefädelte Plan scheiterte jedoch, weil Richter das Honorar für Arztrechnungen und für Arzneien seiner kranken Frau ausgeben musste. Deshalb ist Baehr ohne seinen Freund nach Italien gereist. Später aber, als beide eine Professur an der Dresdener Kunstakademie hatten, kreuzten sich ihre Wege erneut.

Baehr wurde in der Kunstgeschichte als Porträt- und Historienmaler bekannt. In die Brederlo-Sammlung ging von ihm das 1841 gemalte Porträt des „Prinzen von Jawa Raden Saleh" ein, das 1842 in einer Ausstellung in Riga gezeigt worden war. In Dresden selbst dokumentiert noch heute das Porträt „Adrian Ludwig Richter", das von Baehr gemalt ist, die enge Beziehung dieser beiden Künstler.

Auch der deutschbaltische Maler Alexander Heubel (1813 Livland - 1847 Riga) ist mit dem Hause Brederlo eng verbunden. Seine letzten Lebensjahre verbrachte er im Hause Brederlo, in dessen Sammlung es sechs seiner Werke gibt, eins davon ist ein Selbstbildnis (1846). Ein anderes dieser Gemälde hat Brederlo in Mitau vom Staatsrat Krüger erworben, die anderen aber kommen vielleicht aus dessen Nachlass oder wurden von ihm den Brederlos geschenkt.

Ein anderer bedeutender Mäzen in Rigas Kulturleben des ausgehenden 19. und beginnenden 20. Jahrhunderts ist Paul Baron von Transehe-Roseneck, Gutsherr von Neu-Schwanenburg. Zu seiner Gemäldesammlung zählten mehr als

100 Werke. In der Entstehungszeit befand sich die Sammlung auf dem Gut Neu-Schwanenburg. Drei Schriftquellen belegen am besten den Umfang und den Charakter dieser Sammlung: 1. Wilhelm Neumann: Verzeichnis der Gemäldesammlung von Transehe-Neu-Schwanenburg, Katalog, Riga 1909; 2. Bildband „Lichtbilder der Halkyonischen Tage im Neu-Schwanenburger Tusculum", 1909, dieser Band ist durch Interieurfotos ergänzt, die unter anderem zeigen, wie die Sammlung gerahmt und gehängt gewesen ist.

Diese Sammlung kann mit Stolz auch auf viele namhafte Künstler verweisen. So gab es in ihr z.B. Arbeiten von Pieter Breughel d.J., von Jacob van Loo, Isaak van Ostade, Giovanni Battista Tiepolo („Madonna mit Kind" heute in den USA, in Massachusetts, Kunstmuseum von Springfields, dort jedoch als Werk der Sammlung James Philip Gray), Tizian und von Francesco Guardi. Diese Namen zeigen, dass der Schwerpunkt der Sammlung die niederländische Malerei des 16. und 17. Jahrhunderts und die italienische Malerei des 16.-18. Jahrhunderts gewesen ist. Im Unterschied zu anderen Sammlungen war hier die italienische Malerei besonders stark vertreten. Außer Originalen gab es auch Kopien weltberühmter Werke wie z.B. von Rubens, was beweist, dass in Neu-Schwanenburg eine gute Übersicht der europäischen Malerei gezeigt werden sollte, auch wenn die notwendigen Originale im Kunsthandel nicht mehr zu bekommen gewesen sind.

Leider kann man von dieser Sammlung nur in der Vergangenheit sprechen, denn in ihrer Gesamtheit existierte sie nur bis zum Anfang des 20. Jahrhunderts. Danach wurde sie durch Schenkungen auch an das Kunstmuseum der Stadt Riga aufgeteilt. Bilder im Depot dieses Museums blieben Eigentum der Familie. In Lettland wird gegenwärtig der Name des Paul Baron von Transehe-Roseneck mehr als Sammler des österreichischen Malers Hans Mackart genannt. Dessen zahlreiche und sehr dynamischen Werke dominieren heute in der Schausammlung des Museums für ausländische Kunst. Sie sind am Anfang des 20. Jahrhunderts durch Stiftungen in das Museum gekommen.

Auch der Kunstverein besaß in Riga eine eigene Sammlung, die 1884 durch eine erste Schenkung - der „Zirkusstall", ein Gemälde von E.F.H. Folker - bereichert worden ist. Die größte Stiftung aber erfolgte 1904 und wurde damals schon im Kunstmuseum der Stadt Riga untergebracht. Zu ihr gehören 19 Werke der Wiener und Münchner zeitgenössischen Malerschulen, worunter sich auch das schon erwähnte Gemälde von Hans Mackart befand. 1908 wurde diese Stiftung durch zwei Kupferstiche von Hermann Struck und 1911 durch eine Plastik von A. Foltz ergänzt.

Nachdem 51 Gemälde der Sammlung Transehe-Roseneck an das Kunstmuseum der Stadt Riga als Leihgabe übergeben worden sind, wurde dieser Teil der Sammlung ebenfalls der Öffentlichkeit zugänglich gemacht. Der Leihvertrag galt zunächst für die Jahre 1915-1918 und ist dann bis zum Ende der Saison 1920 verlängert worden.

1921 aber wurden die Kunstwerke von ihren Eigentümern zurückgenommen, da sie nun in der Gemäldegalerie Neu-Schwanenburg/Jaungulbene ausgestellt werden sollten.

Angaben über den Bestand der Gemälde im Transehe-Haus in Riga gibt es nur bis 1922. Danach wissen wir, dass Friedrich Prauling, der Bevollmächtigte des Paul Baron von Transehe-Roseneck, 1925 dem Kunstmuseum der Stadt Riga sieben Werke der Sammlung zum Kauf angeboten haben soll. Ein entsprechender Vertrag kam jedoch nicht zustande, und nachdem der Baron 1928 in Berlin verstorben war, gab es keine weiteren Nachrichten

In dem Museum gibt es heute jedoch auch mehrere Gemälde dieser Sammlung, die erst nach der Auflösung der Staatlichen Kunstkammer in den 20er Jahren an das Museum überführt worden sind. Es sind Werke, die nach dem Ersten Weltkrieg von Neu-Schwanenburg/Jaungulbene nach Riga gebracht und von den Eigentümern nicht mehr zurückgefordert worden sind. Auch 1956 wurden noch einmal drei Gemälde, darunter „Der Amor" eines unbekannten italienischen Meisters aus dem 18. Jahrhundert, an das Staatliche Museum der lettischen und russischen Kunst übergeben, 1980 hat man sie an das Kunstmuseum Ruhental/Rundale weitergeleitet.

In der Zeit des ausgehenden 19. und des beginnenden 20. Jahrhunderts wurde es Brauch, dass der jeweilige Oberbürgermeister der Stadt Riga nach Abschluss seiner Amtszeit seine private Gemäldesammlung der Stadt vermachte. So erhielten die städtischen Museen die Sammlungen von August Heinrich von Hollander, von Ludwig Wilhelm Kerkovius und von James Armisted.

Den Anfang machte die Familie Hollander mit 60 Gemälden. Ursprünglich gehörten diese Arbeiten Johann Samuel von Hollander (1754-1799). Einen Teil davon erbte sein Sohn Christoph von Hollander (1783-1860), dessen Witwe Anna später einige Gemälde der Stadt Riga vermachte. Den Rest, es waren 20 Gemälde, bekam ihr Sohn Eduard Heinrich Gustav (1820-1897) zusammen mit ihrer Tochter Emilie Katharina Auguste, verh. Pohr, und diese beiden Geschwister übereigneten die Gemälde schließlich 1873 der Städtischen Galerie als Erbe ihres Großvaters von Hollander.

Ursprünglich war der Kunstbesitz der Familie wesentlich umfangreicher. In der Scheunenstraße/Skunu 17 gab es eine Bibliothek mit 12.000 Bänden, sowie eine Sammlung von Gemälden, Zeichnungen und Graphiken, die im 18. Jahrhundert die größte Kunstsammlung in Riga gewesen sein soll. 1815 wurde ein Teil des Kunstbesitzes und die gesamte Bibliothek verkauft. Angaben dazu machten A. Buchholz und A. Asmuss in einem Schreiben an den Kanzler Graf Rumjanzew, der die Objekte nach Moskau gebracht hat.

Der größte Teil der heute noch vorhandenen Sammlung ist mit dem Namen Johann Samuel August Heinrich von Hollander (1811-1899) verbunden, der Bürgermeister von Riga war. Der Grundstock seiner Sammlung stammte aus dem Familienerbe, das Anna Marie Belott aus Amsterdam am Ende des 18. Jahrhunderts nach Riga/Livland als Mitgift in die Ehe mit Goerg von Reusner gebracht hatte. Ihre Tochter Katharina Marie von Reusner (1791-1836) erbte diese Gemälde und brachte sie in die 1810 geschlossene Ehe mit dem Kaufmann Johann Heinrich von Hollander, der gleichzeitig auch der Älteste der Großen Gilde gewesen ist. Der nächste Erbe dieser Sammlung wurde ihr gemeinsamer Sohn August Heinrich von Hollander, der selbst ohne Erben blieb. Er verkaufte 1885 33 Gemälde und eine Marmorbüste dieser Sammlung an die Städtische Gemäldesammlung der Stadt Riga. Zusätzliche Schenkungen folgten in den nächsten Jahren.

Zu diesen Gemälden zählen qualitätvolle Arbeiten wie eine früh barocke „Verkündigung" von Johann Rotenhammer und eine „Venus und Amor" im Rokoko-Stil von Christian Dietrich. Den Schwerpunkt der Sammlung bilden Werke der holländischen und flämischen Malerschulen des 17. Jahrhunderts und der deutschen Malerei des 18. Jahrhunderts.

Zur Sammlung der Familie v. Hollander gehörten auch viele Kopien von wichtigen Werken der italienischen Renaissance und der holländischen Malerei des 17. Jahrhunderts. Kopien anfertigen zu lassen war damals durchaus Mode, weil begrenzte finanzielle Mittel oft die Anschaffung der Originale unmöglich machten. Dies hat es damals auch in anderen Sammlungen durchaus gegeben. Als das Museum aber 1905 die hochwertige Sammlung Brederlo hinzugewinnen konnte, erhöhte sich das künstlerische Niveau der Museumsbestände derart, dass ein Teil der zuvor ausgestellten Arbeiten veräußert werden konnte. Dadurch wurden die Bestände der Sammlungen der Familien Gross und Hollander dezimiert. Dies war für das Museum aber durchaus nicht negativ, weil die verbliebenen Gemälde nun eine Qualitätssteigerung des Museumsbestandes dokumentieren.

Ludwig Wilhelm Kerkovius, auch ein ehemaliger Bürgermeister von Riga, wurde schon erwähnt. Er setzte die Tradition der Schenkung der Gemäldesammlung eines Bürgermeisters an die Stadt fort und übereignete ihr nach seiner Dienstzeit 26 Gemälde. Da die Städtische Gemäldegalerie einige Zeit im Kerkovius-Haus untergebracht war und Kerkovius bis 1898 deren Vorsitzender gewesen ist, konnte er jedoch die Schenkung selbst nicht annehmen, was an seiner Stelle E. von Boetticher übernahm. Nach den Satzungen war ihm die Annahme der Schenkung während seiner Amtszeit als Bürgermeister verwehrt. Als er jedoch im Stadtrat von Riga und später in der Stadtverwaltung wirkte, unterstützte er den Erwerb eines Grundstückes für den Bau des Museums und förderte auf diese Weise als Ersatz die Ausschreibung und die Ausführung dieses Gebäudes.

Die Gemälde der Sammlung Kerkovius zeigen überwiegend deutsche Malerei des 19. Jahrhunderts, im Besonderen der Münchner, Düsseldorfer und Berliner Schulen. Es gibt auch Beispiele für die holländische, italienische, deutschbaltische, lettische, russische und norwegische Malerei. Ein Schwerpunkt von ihnen allen ist die Darstellung von Kindern.

Vermutlich hat Kerkovius auch später noch Gemälde gesammelt, nämlich für das 1874 auf dem Grundstück Totleben Boulevard 4 vom Architekten Janis Baumanis erbaute neugotische Haus.

Viele seiner Gemälde hat Kerkovius auf Ausstellungen in Deutschland gekauft, was Etiketten auf der Rückseite seiner Gemälde belegen. So erstand er auf der Großen Berliner Kunstausstellung von 1899 die Landschaften von Karl Ludwig und Konrad Müller-Kurzweli; das Gemälde von Marie Wunsch „Auf der Schaukel" kaufte er hingegen auf der Jubiläumsausstellung in München, 1891. In St. Petersburg aber erwarb er in der Kaiserlichen Kunstakademie von Aleksej Bogoljubov „Die Mole" und „Leuchtturm am Hafen von Trepora", und in Riga erhielt er von der deutschbaltischen Künstlerin Wilhelmine Kiber ein „Stilleben mit Früchten".

Die ersten Gemälde der Kerkovius-Sammlung wurden vermutlich schon vom Großvater mütterlicherseits, dem Inhaber des Holzhandels Moritz Ludwig Hammer, erworben, denn 1871 hatte Kerkovius sechs Gemälde aus der Sammlung Moritz Ludwig Hammer an die Gemäldeausstellung der alten und modernen Kunstschulen ausgeliehen.

Auch der Bürgermeister Carl Christoph Gross hat der Stadt Gemälde vermacht. Von ursprünglich zwölf Arbeiten sind heute noch vier vorhanden: „Blumen" von Theodor Andreas Mattenheimer, „Familienvater" von Jan Jacob Molyn, „Mädchen mit Weintraube" eines unbekannten Malers des 18. Jahrhunderts und „Haman und Ahasver" von Adrien Pieters van de Venne.

Carl Christoph Gross wurde 1790 in Kalzenau/Kalsnava geboren und ist 1873 in Riga gestorben. Das Quellenmaterial seiner Familie liegt seit dem Ende des 17. Jahrhunderts vor und befindet sich im Lettischen Staatsarchiv. Daraus ist zu entnehmen, dass er an der Universität in Dorpat Jura studiert hat (1810-1812), dann arbeitete er in Reval und seit 1813 in Riga. Im Dienst des Städtischen Rates wurde er zum Bürgermeister gewählt. Seine Kenntnisse der Jurisprudenz und der Finanzwirtschaft waren die Voraussetzungen für seine Tätigkeiten als Notar, Sekretär und Vorsitzender mehrerer Gerichtsinstitutionen sowie als Vorsitzender des städtischen Konsistoriums.

Nun befinden sich die deutschbaltischen Kunstsammlungen schon ein halbes Jahrhunderts im Museum für Ausländische Kunst Lettlands in Riga. In den 1980er Jahren konnte sich das Museum zu einer reichen Kunstkammer entwickeln. 1995 wurde mit einem Ausstellungszyklus begonnen, der Schritt für

Schritt die Geschichte dieses Museums und die Beziehungen zu den einzelnen Familien, die so viel für das Kulturleben der Stadt geleistet haben, aufarbeiten soll. Wir danken Werner und Kurt von Sengbusch, Helga von Transehe-Roseneck, Kristofer Kerkovius, den Familien Grothus und Armitstead für die Zusammenarbeit. Dank ihrer Hilfe konnten folgende Ausstellungen realisiert und in Angriff genommen werden:

Sammlungen der Familie Hollander (1995), „Gemälde an die Stadt Riga" (Sammlungen der Familien Kerkovius, Armitstead und Gross. 1997), Sammlung von Friedrich Wilhelm Brederlo (geplant für 2001), Sammlung von Paul von Transehe-Roseneck (geplant für 2003).

DIE ROPPSCHE KUNSTSAMMLUNG IM BALTIKUM

Alexander von Knorre

Im Sommer 1801 entschlossen sich die beiden Brüder Ferdinand (1779-1844) und Theodor von der Ropp (1783-1842) im Alter von 22 und 18 Jahren von Kurland aus nach Paris zu reisen. Damit begann die Geschichte einer wichtigen Kunstsammlung für das Baltikum. Sie soll nach Meinung von Niels von Holst im dortigen Gebiet wohl die bedeutendste gewesen sein.

Was veranlasste nun die beiden, eine solch umfangreiche Sammlung zusammenzutragen? Viele Gründe mögen da einen Ausschlag gegeben haben. Diese sollen allgemein anhand der Geschichte von Kunstsammlungen verdeutlicht werden, bevor dann auf die Zeitsituation um 1800, den Erwerb und den Bestand dieser speziellen Kollektion eingegangen wird.

Sammlungen von Kulturgütern gab es bereits im Altertum. Sie waren jedoch mehr aus kultischen und materiellen, denn aus historischen und ästhetischen Gründen entstanden. So trug man in Griechenland und Rom Statuen und sonstige Objekte anderer Völker in Tempeln zusammen, um sie in ihren Glaubens- und Verehrungshorizont mit einzubinden. Die Könige von Pergamon und die Ptolomäer sollen bereits historisch ausgerichtete Sammlungen besessen haben. In den Kirchen des Mittelalters wurden u.a. aus kultischen Gründen aufwendige Altäre und reich verzierte Reliquien sowie kostbare Behältnisse vereinigt. Weltliche Sammlungen entstanden ab dem 14. Jahrhundert in Königshäusern, so bei dem 1364 verstorbenen König Johann dem Guten von Frankreich und seinem Sohn, dem Herzog Jean de Berry, verstorben 1416. In Italien trug man seit Ende des 15. Jahrhunderts Antikensammlungen zusammen, so bei den großen Familien der Medici, der Este und Farnese. Die Wunderkammern des 15. bis 18. Jahrhunderts enthielten zugleich Kunst- und Naturobjekte. Eine der bekanntesten Kollektionen im 17. Jahrhundert ist die Kunstkammer des Kaisers Rudolf II. in Prag. Es wurde üblich, die Sammlungen in den Galerien und Kabinetten der Schlösser unterzubringen. So entstand 1750 im Palais du Luxembourg in Paris die Rubensgalerie, 1755 in Potsdam die Bilder-Galerie Friedrich des Großen. 1759 gründete man das Britische Museum in London. Wohl die erste allgemein zugängliche Sammlung gab es seit 1775 im Kasseler Schloss. 1793, 18 Jahre später, wurde die ehemalige königliche Sammlung des Louvre in Paris für die Öffentlichkeit zugänglich. Aus diesen sammlungsgeschichtlichen Vorläufern entstanden die verschiedensten Museumstypen des 19. und 20. Jahrhunderts. Doch existiert parallel dazu bis heute eine sehr große Anzahl von privaten Sammlungen in vielfältigsten Formen, wobei die Gemälde- und Grafikkollektionen wohl am weitesten verbreitet sind.

Niels von Holst hat in seiner 1938 erschienenen Abhandlung über baltendeutsche Kunstsammler des 19. Jahrhunderts betont, dass die von Theodor von der Ropp zusammengetragenen Werke ihm den Titel des größten Kunstsammlers in diesem Gebiet verliehen habe. Daneben gab es Mitte des 19. Jahrhunderts die Sammlung des August von Pistohlkors und jene der Familie von Medem in Elley, u. a. mit vier Werken von Caspar David Friedrich. Zu nennen wäre auch noch die Sammlung des F. W. Bredelo, ebenfalls mit einem Bild von Friedrich im Bestand. Die Familie von Liphart in Ratshoff bei Dorpat besaß u.a. ein Relief von Michelangelo. Daneben gab es noch Bilderkollektionen bei von Blankenhagen, von Lieven, von Manteuffel und von Transehe. Bereits im 18. Jahrhundert entstand in Mitau die Gemäldesammlung des Herzogs Peter von Kurland.

Kommen wir nun aber auf die beiden jungen reisenden Brüder von der Ropp zurück. Sie waren in das von Napoleon geprägte geistige und kulturelle Zentrum Europas, nach Paris, gefahren. Nach den revolutionären Unruhen, besonders 1792, als man alle königlichen und adligen Besitztümer enteignete, hatte man angefangen, den Besitz der ehemaligen Feudalherren, falls sie nicht vom Pöbel zerstört worden waren, an Ausländer zu verkaufen. Die politische Spitze der Französischen Revolution benötigte dringend Geld. Man annoncierte in ausländischen Zeitungen Hollands, Englands und Italiens und versteigerte Kunstobjekte und Mobiliar. Bei diesen Versteigerungen nahmen Abgesandte des englischen Königs, aber auch Vertreter der russischen Hocharistokratie teil, so etwa der Außenminister des Zaren, Prinz Alexander Bezborodko. Er ersteigerte französische Bilder und Möbel für sein Palais in Petersburg. Der russische Gesandte Pierre Dubrowski erwarb mittelalterliche Handschriften. Solche Informationen waren auch bis ins Baltikum gelangt.

Einzelne Franzosen begannen nun selbst, ihr nationales Erbe als wissenschaftliche und künstlerischer Monumente zu retten und den umfassenden Sammlungen des Louvre, dem späteren Musée Napoleon zuzuführen. Ende 1793 erschien bereits der erste Katalog mit Angaben aus königlichem und kirchlichem Besitz. Der Maler Hubert Robert wurde zum ersten Konservator des Louvre ernannt. Wohl bald nach ihrer Ankunft in Paris kauften die Brüder Ropp dessen Skizzen zum Karneval in Rom.

Durch die französischen Einfälle in Holland, Italien, Ägypten sowie in einzelne deutsche Staaten und auch in Spanien kamen als Siegestrophäen eine Unmenge von Kunstwerken nach Paris. Napoleon, der selbst kein Kunstkenner war, überließ seinem späteren Haupt-Konservator, Vivant Denon, für den Aufbau des Weltmuseums im Louvre die Auswahl in den besetzten Ländern. Trotzdem wurden viele Kunstwerke, die Paris erreichten, später doch wieder aussortiert und dann oftmals auch nicht ganz legal verkauft.

Hier hatten die Brüder Ferdinand und Theodor eine große Auswahl an Erwerbsmöglichkeiten. In dem im Jahr 1828 erschienenen Katalog der Ropps ist die Provenienz von vielen Werken nicht genannt. So kann man nur vermuten, dass ein Großteil der holländischen Bilder in Paris erworben wurde. Auch eine Reihe von Bildern italienischer Künstler könnte bereits dort gekauft worden sein. Theodor von der Ropp hatte sich wohl schon in Paris, spätestens aber in Italien von seinem älteren Bruder die ihm zustehende Reisesumme auszahlen lassen. Er wollte sich unabhängig von ihm durch Spanien und die norditalienischen Städte über Florenz nach Rom begeben. Hier wurde wohl die wertvollste Erwerbung getätigt. Das von Raffael um 1502 gemalte Ölbild auf Pappelholz, 34 x 22 cm, „Madonna mit dem segnenden Kind sowie den heiligen Hieronymus und Franziskus" (Abb. 1) erwarb er vermutlich von Prinz Camillo Borghese. Es stammte aus der dortigen Galerie Borghese, wie es im Katalog von 1828 vermerkt wurde.

Zusätzlich zu den Erwerbungen vieler Bilder hatte Theodor von der Ropp durch die Begegnung mit Bertel Thorwaldsen Zugang zur zeitgenössischen Skulptur. Im Jahr 1804 bestellte der „reisende Kurländer", wie ihn Thorwaldsen nannte, eine Anzahl, wohl neun Kopien nach antiken Büsten in Marmor. Thorwaldsen ließ diese Büsten wahrscheinlich in seiner Werkstatt von Mitarbeitern, dem Italiener Landini und dem Deutschen Kauffmann, erstellen. In diesem Zusammenhang erwarb Ropp außerdem ein 1803 entstandenes Relief „Wegführung der Briseis von Achill durch die Herolde des Agamemnon". (Abb. 2) 1805 wollte Thorwaldsen eine Venus mit Apfel erstellen (Abb. 3). Canova hatte kurz zuvor eine solche Skulptur erstellt, und dies reizte Thorwaldsen, eine noch vollkommenere Venus zu schaffen. Ropp stiftete ihm den Marmorblock, und so entstand diese ca. 1.60 m hohe Arbeit, die er dann erwarb. August Wilhelm Schlegel und Madame de Stael sahen die Skulptur noch im gleichen Jahre und betonten die ungemeine Schönheit des Bildwerks. Eine nahezu identische Arbeit erhielt auch der Fürst Malte von Puttbus. Außerdem schuf Thorwaldsen dieses Werk noch zweimal in Lebensgröße. Das eine davon erwarb Ludwig I. von Bayern, das andere Wilhelm I. von Württemberg. Interessant ist in diesem Zusammenhang der Ropp'sche Erwerb des 1806 entstandenen Bildes vom Deutschen Josef Abel in Rom „Sokrates als Bildhauer". Theodor Ropp hatte damit wohl die bekannteste klassizistische Skulpturengruppe jener Zeit, die der drei Grazien von Canova, zumindest auf einem Ölgemälde mit nach Hause nehmen wollen.

Wenn man sich die Erwerbungen der Brüder Ropp, überwiegend die des Theodor anschaut, so spürt man das große Interesse für klassische christliche und antike Themen. Das Interesse an Werken der italienischen Renaissance ist ein Widerschein des damaligen Geschmacks und gipfelte in den Werken Raffaels. Zugleich sind aber auch eine Reihe holländischer Porträt- und Landschaftsbilder sowie burleske Szenen Ausdruck für das Interesse an nordischer Malerei.

Der Transport der Ropp'schen Werke in das Baltikum zögerte sich bis zum Jahre 1811 hinaus. Die Kunstwerke kamen zuerst auf das Ropp'sche Gut Feldhoff bei Neuenburg. Von dort gelangten die Arbeiten nach Mitau. Hier hatte sie der Autor Heinrich Haase gesehen und 1821 über sie in dem Stuttgarter Kunstblatt berichtet und ihre Qualität hervorgehoben. Doch schon bald schien der Fortbestand der Sammlung gefährdet zu sein.

Um das Jahr 1825 plante Theodor von der Ropp in Pokroy, (Abb. 4) einen modernen klassizistischen Herrensitz in Anlehnung an das Petit Trianon in Versailles zu errichten. Dies war wohl der Grund, weshalb er einen Großteil seiner Sammlung zur Finanzierung dieses Baus in dem bereits erwähnten 1828 erschienenen französisch sprachigen Katalog zum Verkauf anbot. Vorausgegangen war diesem Verkaufskatalog eine Bestandsbroschüre, die bereits 1826 in Mitau erschienen war. Die Werke wurden in St. Petersburg, Berlin, Dresden und Paris angeboten. Doch wegen der zu niedrigen Preisgebote verkaufte man nur das bereits genannte Bild von Raffael. Dieses sollte zuerst für den Louvre in Paris erworben werden. Doch fehlte es an den nötigen Mitteln. Durch einen Hinweis von Wilhelm von Humboldt gelangte diese Arbeit dann in die gerade neu entstehende preußische Sammlung. Im „Alten Museum" von Berlin, das von Karl Friedrich von Schinkel entworfen wurde, verblieb das Werk viele Jahre. Später gelangte es dann in die jüngst errichtete Gemäldegalerie. Der übrige Bestand kam 1830 in den Neubau von Pokroy. Theodor Ropp hatte dort an zentraler Stelle des Herrenhauses, mitten in einem Saal, Thorwaldsens „Venus" präsentiert. Die Bilder konnten großzügig in den 48 Räumen des geräumigen Palais verteilt werden.

Der Katalog der Ropp´schen Sammlung von 1828 entsprach noch den Richtlinien, wie sie vom Pariser Konservator Denon um 1800 als Grundlage der Kunstregistrierung geschaffen worden waren. Er wurde Vorbild für viele frühe Museumskataloge des 19. Jahrhunderts. Diese Publikation war in Paris bei Coniam erschienen und trägt den Titel „Catalogue des Tableaux tous originaux de M. de Ropp". Als Verfasser ist wohl nur Theodor von der Ropp möglich. Dies wird durch eine Reihe von Hinweisen zur Provenienz deutlich, die größtenteils nur durch seine Erwerbstätigkeit möglich war. Auffällig ist der Schwerpunkt italienischer Werke. Von den 71 genannten Arbeiten sind mit 32 Bildern fast die Hälfte Italiener. Wenn vieles auch sehr globalisierend den bedeutendsten Künstlern der Renaissance zugeschrieben wurde, so etwa als Arbeiten Leonardo da Vincis, Raffaels, Fra Bartolomeos, Andrea del Sartos, so überwiegen doch Manieristen sowie Caravaggisten aus der zweiten Hälfte des 16. und frühen 17. Jahrhunderts.

Es folgen nach der Quantität 17 flämische und holländische Meister, u. a. Honthorst, Rubens, Ruisdael, Teniers bis Ostade, um nur einige Namen zu nennen. In dem Verzeichnis sind neun Franzosen genannt u. a. zwei Werke von Nicolas

Poussin, ein Vernet und zwei Werke von Hubert Robert. Acht Arbeiten stammen von deutschen Künstlern, u. a. von Hans Holbein d.J.. Diese Arbeit wurde aber später dem Holländer Mor zugeschrieben. Bei den meisten Werken handelt es sich um kleinere bis mittlere Formate.

Schaut man sich die schriftlich festgehaltene Provenienz der Bilder an, so sind mit 21 Bildern die meisten Werke in Rom erworben worden. Die Arbeiten von Voogt und Abel wurden direkt von den Künstlern gekauft. Die bedeutendste Adresse für Ankäufe wurde durch die Erwerbungen des Raffael und des Rubens die Galerie Borghese. Zu erwähnen wäre auch noch die Galerie Altieri und das Palais Colonna Justiniani. Ein Bild von Sasso Ferrato erwarb man direkt in einem Klosterkonvent. In Italien wurde noch die Galerie des Herzogs von Caserta in Neapel genannt, wo ein Guilio Romano erworben wurde. Dort erstand man noch drei weitere Arbeiten. Eine Arbeit stammt aus Genua. Aus Florenz konnte Ropp aus dem Palais Vitori ein Werk von del Sarto und Guercino erwerben, aus dem Palais Butrigani ein Werk des Caravaggio. Vom späteren Direktor der Florentiner Akademie, Benevento, kaufte er 1802 eine biblische Szene mit der Darstellung Abels. Aus dem Palazzo Grimaldi in Venedig stammt eine Arbeit Giulio Romanos. Damit sind fünf Orte Italiens vertreten. Aus Paris sind sieben Erwerbungen genannt, u.a. zwei Werke Hubert Roberts. Aus der dortigen Galerie Choiseul kaufte man einen Vernet. Außerdem wurden drei Erwerbungen in Wien getätigt, drei in Dresden und eine in Brüssel.

Durch Erbfolge gelangte die Ropp'sche Sammlung 1859 nach Gut Schadow (Abb. 5) in ein neugotisches Gebäude. Der Dresdner Porträt- und Historien-Maler Julius Döring hatte über die Sammlung 1864 in den Baltischen Monatsheften einen Artikel veröffentlicht. Er kannte die Bilder recht gut, da er viele gereinigt und z.T. restauriert hatte. Döring schrieb, dass von den ursprünglich 84 Werken nur noch 52 in Schadow zu sehen wären. Der ständige Wechsel der Anzahl von Kunstwerken ist wohl durch Kauf und Verkauf von verschiedenen Werken zu erklären.

26 Jahre später erschien die Ropp'sche Sammlung erneut in einem Auktionskatalog. Schaut man sich den bei Lempertz in Köln zur Auktion am 11. November 1890 herausgegebenen Katalog an, der die Gemälde-Galerie der Freiherrlich von der Ropp'schen Sammlung von Schloss Schadow (Kurland) umfasst, stellen wir einen wesentlich umfangreicheren Bestand fest. Insgesamt sind statt 71 Arbeiten im Katalog von 1828 nun 111 genannt, also 40 Werke mehr. Sie umfassen im Gegensatz zum Pariser Katalog jetzt nur noch 25 Italiener, dafür aber 69 holländische und flämische Meister, zehn Arbeiten von Deutschen, drei Franzosen und vier Werke unbekannter Meister. Dieser z.T. bebilderte und wissenschaftlich verbesserte Katalog gibt auch die Lebensdaten der Künstler wieder. Ebenso wie beim Pariser Katalog wurde auch 1890 in Köln nur ein Teil der Bilder verkauft. So gelangte das Bild mit der Madonna aus der Nachfolge Leonardos in die Pinacoteca Brera nach Mailand. Das Werk Giulio Romanos gelangte in den Palazzo Venecia in Rom. Die nicht verkauften Bilder befanden sich noch während des Ersten Weltkriegs auf den Gütern der Ropps. Im Jahre 1917 waren in Pokroy noch 12 Ölbilder, in den beiden Roppschen Häusern in Mitau fünf Werke und eins in Bixten vorhanden. Einige Arbeiten hatte Graf Heinrich Keyserling aus Mitau ersteigert, so je eine Arbeit von Luini und Rubens. Thorwaldsens Werke waren in Pokroy geblieben, ebenso die neun Büsten seiner Werkstatt in Neu Autz.

1938 waren noch 27 Kunstwerke in Pokroy registriert. 1940 kamen eine Reihe dieser Bilder und die Thorwaldsen Werke in das Museum von Kaunas. Nach Auskunft von Joachim Baron von der Ropp im Jahre 1951 waren im Zweiten Weltkrieg neun Arbeiten verbrannt bzw. verschwunden. Reste der Sammlung gelangten nach Berlin, u. a. ein van de Neer.

Die Ropp'sche Kunststammlung zeigt den verschlungenen Weg einer Privatsammlung, die in diesem Umfang eigentlich nur im 19. Jahrhundert vorhanden war. Die Kollektion ist in der Zusammensetzung zugleich Zeugnis der typischen Sammelrichtung Anfang des 19. Jahrhunderts. Sie zeigt außerdem die Besonderheiten und das Auf und Ab einer Privatsammlung, deren Spuren wir aber bis zum heutigen Tag an vielen Orten Europas verfolgen können.

Literatur

D. Haase, Ueber die Gemälde und Marmors im Besitze des Herrn von der Ropp. Kunstblatt Stuttgart Beilage z. Morgenblatt für gebildete Stände 1821, Nr. 86, S. 343-344.
Catalogue des Tableaux, Tous originaux de M. de Ropp. Paris 1828.

Julius Döring, Die Gemäldesammlung der Herren von der Ropp zu Szadow in Litthauen. Baltische Monatshefte, 9. Bd. Riga, 1864, S. 540-554.

Aukt. Katalog der reichhaltigen und ausgewählten Freiherrlich von der Ropp'schen Gemälde Galerie auf Schloss Schadow (Kurland). Lempertz, Köln 11. November 1890.

O. v. Löwis of Menar, Thorwaldsens Marmorwerke im Besitz d. Familie v. d. Ropp. Sitzungsberichte der Kurländ. Gesellschaft Lit. und Kunst. Jahresbericht. Mitau 1890, S. 17-18.

Otto Clemen, Die ehemalige Roppsche Kunstammlung. in Beiträge zur deutschen Kunstgeschichte aus Riga, Reval und Mitau. Berlin 1919, S. 143-150.

Niels von Holst, Baltendeutsche Kunstsammler. in: Deutsche im Osten. Jg. 1, 1938, Heft 10, S. 14-17.

R. Kossmann, Thorwaldsens Venus im dunklen Kellerraum. Preußische Zeitung. Königsberg, 2. Sept. 1941.

Die von der Roppsche Pinakothek. Frankfurter Zeitung. 14.7.1942.

Paul Wescher, Kunstraub unter Napoleon. 2. Aufl. Berlin 1978.

Ausst. Kat. Künstlerleben in Rom. Bertel Thorwaldsen (1770-1844). Der dänische Bildhauer und seine deutschen Freunde. Nürnberg: German. Nat. Museum/Schleswig Landesmuseum Schloss Gottorf 1991/1992,. S. 214, 329, 664.

Bestandskat. Gemäldegalerie Berlin. Gesamtverzeichnis Staatl. Museen Berlin Preuß. Kulturbesitz, 1996, S. 100, Nr. 536.

Ausst. Kat. „Joy and Fury" - Central European Paintings from the Baroque to Symbolism from Lithuanian Collections. Finnish National Gallery Sinebrychoff Museum for Foreign Art. Helsinki, 15.2. - 20.5.1996.

Abb.1 Raffael: „Madonna mit dem segnenden Kind
sowie den Heiligen Hieronymus und Franziskus",
Öl auf Pappelholz, um 1500

Abb. 2   Bertel Thorwaldsen: „Wegführung der Briseis",
Marmor, 1803

Abb. 3 Bertel Thorwaldsen: „Venus mit Apfel",
Marmor, 1805

Abb. 4   Gut Pokroy, erbaut um 1830

Abb. 5 Gut Schadow, erbaut Mitte 19. Jahrhundert

REINHOLD PHILIPP SCHILLING
KUNSTSAMMLER UND MÄZEN IN RIGA

Valentīna Opala

Am 24. November 1999 sind 180 Jahre seit der Geburt des Literaten (so bezeichnete man damals Vertreter der Intelligenz) Reinhold Philipp Schilling (1819-1888) vergangen. Ihm gebührt unstreitig ein bleibender Platz in der Kulturgeschichte Lettlands, sowohl als Mitglied der Gesellschaft wie auch als Persönlichkeit, die mit ihrer Schenkung eine der größten Kunstschatzkammern des Baltikums - das Museum für Ausländische Kunst - bereichert hat.

Sein Vater Carl August Schilling (1777-1822), ein Kaufmann, war in Fellin/Viljandi geboren.[1] Die Mutter Helena Dorothea (1793-1869) war die Tochter von Gerhard Hieronymus Schirren (1762-1818)[2], eines bekannten Mitglieds der Großen Gilde zu Riga.

Die Nachrichten über das Leben R. Ph. Schillings sind sehr spärlich. Es ist bekannt, dass er seine Schuljahre im Rigaer Gymnasium begonnen hat. Im Jahre 1831 begibt er sich nach Berlin, wo er an der Universität immatrikuliert wird. 1839 schließt er sein Studium als Philosoph und Historiker ab und begibt sich anschließend auf eine Studienreise, um seine Kenntnisse in mehrere Ländern Europas zu ergänzen.

Er ist gesellschaftlich aktiv und seine Interessen umfassen nicht nur Geschichte und Literatur, sondern auch Kultur, bildende Kunst, Architektur sowie gesellschaftliche und politische Fragen. R. Ph. Schilling ist in mehreren wissenschaftlichen und gesellschaftlichen Vereinen tätig, von denen beson-

---

[1] Hist. Staatsarchiv Lettlands.(ferner SHAL) Schilling, von Schilling, Baron Schilling. F.401 1, Beschr. 1, S. 5035.
[2] SHAL Schirren. 1792-1926. F.4011 Beschr.1, S. 5049.

ders die Literärisch-Praktische Bürgerverbindung zu erwähnen ist, die 1802 ihre Tätigkeit aufgenommen hatte. Diese Gesellschaft nimmt regen Anteil am Kultur- und Kunstleben und veranstaltet Kunstausstellungen. Reinhold Philipp Schilling nimmt nicht nur an den Vereinssitzungen teil, sondern fördert deutschbaltische Literatur. So abonniert er z.b. die periodische Wochenschrift Rigasche Stadtblätter (1810-1907), in der neben der Tätigkeitsübersicht des Vereins und den Tagesnachrichten auch wertvolle populärwissenschaftliche Schriften über Riga veröffentlicht werden.[3]

Im Jahre 1842 erwacht in der Lit.-prakt. Bürgerverbindung die Idee, einen neuen Verein zur Aktivierung des Kunstlebens zu gründen, die erst nach 28 Jahren (1870) mit dem Rigaer Kunstförderungsverein verwirklicht wurde, der dann eine große Bedeutung im Kunstleben der Stadt Riga hatte.

In den 60er Jahren sind in Lettland mehrere Gesangvereine tätig, die aktive Zentren des Kultur- und Gesellschaftslebens geworden sind. Auch in Riga gab es mehrere deutsche Gesangvereine, die 1834 gegründete Rigaer Liedertafel. R. Ph. Schilling ist Mitglied dieses Gesangvereins und sein Name ist in den Vereinsprotokollen der Jahre 1845 und 1846 zu finden.[4]

Als ein bekannter Bürger tritt er der Mussegesellschaft (gegr. 1787) bei. Diese Gesellschaft, die über eine eigene Bibliothek und Lesesaal verfügte, war ein Zentrum vor allem der deutschbaltischen wohlhabenden Bürger und organisierte auch Musikabende und Konzerte.[5]

R. Ph. Schilling, Mitglied der Großen Gilde, ist auch Mitglied der Gesellschaft für Geschichte und Altertumskunde der Ostseeprovinzen Russlands (1834-1934), in der er als kundiger

---

[3] SHAL Schilling. F.4011, B.1, S. 5035.
[4] SHAL Gesang- und Musikvereine in Lettland. Rigaer Liedertafel. 1856-1860. F. 6479, B. 1. S.474.
[5] Die Gesellschaft der Musse in Riga 1787-1887.

und teilnahmsvoller Mitarbeiter beliebt ist. Im Jahre 1871 schenkt er der Gesellschaft eine farbige Lithographie von Carl Kronwald (1838- ?) „Brand der Schiffe und Lastkähne im Rigaer Hafen am 2. Juli 1871". Er ist auch Mitarbeiter im 1845 gegründeten Naturforscherverein, in dem sich Vertreter verschiedener Berufe zusammenfanden.

R. Ph. Schilling ist ein reicher und zugleich uneigennütziger Mensch. Sein Mäzenatentum umfasst einen weiten Wirkungskreis, er unterstützt materiell mehrere heimatliche Vereine und ist auch im Ausland freigebig, wo er Geld für Universitäten und Seemannskassen spendet.

Beachtenswert ist Schillings Sammelleidenschaft von Büchern. Exakte Nachrichten über seinen Bücherbestand fehlen, dennoch gibt es Möglichkeiten, sich eine Vorstellung vom Umfang und der Art seiner Bibliothek zu machen. So hat der Rigaer Stadtbibliothekar Dr. med. Willhelm Sadowsky (1797-1858) Schenkungen von Schilling an die Stadtbibliothek registriert. Durch ihn ist bekannt, dass Schilling z.B. im Oktober 1842 der Bibliothek 1654 Titel überwiesen hat. Dies war in der Tat die größte Stiftung von zwei Jahren.

1848 verzeichnet die Bibliothekschronik (1659-1848) die nächste Stiftung dieses Literaten - nach seinen eigenen Angaben im Gesamtwert von 3.000 Silberrubel. Es sind 34 Bücher und 400 Kupferstiche. In einem Kommentar dazu erklärte er die Zielsetzung dieser Sammlung und den Wunsch, dass sie nicht auseinandergerissen werden solle. Die nächste Stiftung Schillings an die Bibliothek, 1863, umfasste 800 Bände.[6]
Nach Jahrzehnten näherte sich 1941 die Front des Zweiten Weltkrieges der Stadt Riga. Im Verlauf der Kämpfe brannte die Bibliothek am 29. Juni aus. Von den über 400.000 Büchern blieben nur etwa 46.000 erhalten. Alles andere wurde ein Raub

---

[6] SHAL Materiale über Personen in Riga und den baltischen Provinzen F.4011, B. 2, S. 116.; Bibliothekschronik d. Akad. Bibl. Lettlands. Bibliothek J. Misiņš, Abt. für Handschriften und seltene Bücher MS 961.

der Flammen, darunter auch der größte Teil der Schenkungen von Schilling. Eine Ausnahme ist ein Manuskript aus dem 18. Jahrhundert, das der Petrikirche gewidmet war.[7]

Nach diesem tragischen Verlust ist es heute nicht mehr möglich, die Qualität der Stiftungen zu beurteilen. Wir dürfen jedoch annehmen, dass sie der Qualität seiner Stiftungen an das Museum in Nürnberg entsprochen haben. (Nürnberger Germanische Museum)

Schilling hatte im Jahr 1885 zusammen mit August Wilhelm Buchholtz (1803-1875) nach Eintragungen des Staatlichen Historischen Archivs (Rigas ?) 161 Schriften zur Stadt- und Gütergeschichte aus dem 19. Jahrhundert sowie religiöse Traktate übergeben. Darunter befanden sich Bücher von L. Bergmann (?) und K.G. Sonntag, einzelne Werke von W.S. Steffenhagen, S. Henning und A.W. Hupel, Sammelbände der Rechtswissenschaften und zu Fragen von Verfassungen, sowie Periodika.

Hinzu kamen eine numismatische Sammlung und Medaillen. Schilling stellt am 22. November 1858 eigenhändig das Verzeichnis dafür zusammen. Dies beinhaltet 14 Medaillen des russischen Reichs (1 Goldmedaille, 11 silberne, 1 versilberte Bronzemedaille). Zahlreicher sind die Münzen aus verschiedenen Jahrhunderten, wobei die älteste mit dem Ordensmeister Wolter von Plettenberg aus dem 16. Jahrhundert stammt. Eine Rarität sind die Münzen aus der Zeit, als Riga Freistadt gewesen ist (1562-1582).[8]

Die bedeutendste Lebensleistung von Schilling neben der Schaffung seiner Privatbibliothek ist seine Kunstsammlung, die er 1868 und 1869 der Rigaer Gemäldegalerie übereignet hat. Es

---

[7] Von der Peterskirche in Riga, 18. Jahrhundert. Bibliothek J. Misiņš F.25, MS 802, R.4591.

[8] SHAL Materialien über Personen in Riga und den Baltischen Provinzen F. 4011, B.2, S. 116.

sind mehr als 600 Objekte: darunter 32 Gemälde und ca. 580 Holzschnitte, Kupferstiche, Lithographien und Zeichnungen westeuropäischer Künstler.

Die Gemälde sind nicht sehr zahlreich, aber ausgesprochen vielseitig. Sie belegen die Kunststile vom Anfang des 16. bis zur Mitte des 19. Jahrhunderts und gehören den wichtigsten westeuropäischen Kunstschulen an. Dazu zählen auch zeitgenössische Gemälde baltischen Maler wie von Leonhard Bülow, Johann Karl Baer und Ernst Hermann Schlichting.

Die bedeutendsten Gemälde sind Porträts, so z.B. das Bildnis eines Adligen von Wybrand Symonsz de Gheest, das Bildnis eines Feldherrn von Ph. de Champaigne und das Porträt des Künstlers Bülow von Johann Edward Hay.

Zu den von Schilling gestifteten Graphiken gehören Zeichnungen, Kupferstiche und Lithographien aus dem 15. bis zum 19. Jahrhundert. Die meisten davon sind Arbeiten deutscher Künstler und ihnen im Stil verwandten Künstlern aus Österreich und der Schweiz, die dem 18. und 19. Jahrhundert angehören. Es gibt schöne Landschaften als Bleistiftzeichnungen und als Aquarell, daneben auch Lithographien als Reproduktionen von Gemälden alter Meister (Abb. 1 und 2). Einen bedeutenden Platz nehmen Graphiken französischer und holländischer Künstler des 17. und 18. Jahrhunderts ein, wie solche von Robert Nanteuil, Jackes Callot und Adriaen van Ostade. Die wichtigsten Gemälde sind Genre- und Landschaftsbilder z.B. vom „Egersberg bei Karlsbad", gemalt von Adrian Zingg (Abb. 3), „Sägewerk in der Bergen" von Carl Anton Graff, „Das Maifest in Kseji" von Jacques Callot (Abb. 4), „Der Künstler" und „Der Leierkastenmann" von Adriaen van Ostade.[9]

Die Sammelleidenschaft hatte Reinhold Philipp Schilling mit Bibliophilen, Numismatikern, Kunstsammlern und Künst-

---

[9] Archiv d. Staatl. Kunstmuseums Lettlands. Inventarbuch Nr. 44, 45, 46. Rigaer Stadtgemäldegalerie: Korrespondenz u. Sitzungsprotokolle. S.18.

lern zusammengebracht, was seine Erfahrungen und Kenntnisse als Rigaer Mäzen im Bereich der Weltkulturen und der Kunstwissenschaft bereichert hat. Seine vielseitige Tätigkeit hatte ihn populär gemacht und das aktive Kulturleben der Stadt gefördert. Seine Bibliothek und Graphiksammlung kam der Stadtbibliothek von Riga zugute, und seine Gemäldesammlung wurde ein beachtenswerter Grundstock des Rigaer Kunstmuseums.

Am 24. September 1888 endet der Lebensweg von Reinhold Philipp Schillings. Am Nachmittag des 29. September wurde er in der Familiengruft auf dem Stadtfriedhof beigesetzt. Die Grabstätte ist nicht erhalten.[10]

Reinhold Philipp Schilling war Philosoph und Historiker. Leider sind keine wissenschaftlichen Abhandlungen von ihm erhalten.

Zu seinen beachtenswerten Eigenschaften zählen sein scharfer Verstand, eine gute Bildung, eine hohe Kultur, weite Gedankenflüge und eine Aufgeschlossenheit allem Neuen gegenüber. Bei dem Gedenken an seinen 180. Todestag können wir feststellen, dass seine Tätigkeit als Sammler und Mäzen, als Philanthrop und Bibliophiler nicht umsonst gewesen ist. Seine Leistung wird noch nach mehr als hundert Jahren anerkannt und geschätzt. Der Lauf der Zeit hat die Erinnerung an ihn nicht ausgelöscht. Indem wir den Staub des Vergessens von seinem Nachlass wischen, erkennen wir seine Bedeutung und zollen ihm Dank und Verehrung.

---

[10] Illustrierte Beilage der Rigaschen Rundschau. 1907. Nr. 11. Februar S.113. Rigasche Stadtblätter f. das Jahr 1888. Nr. 39; SHAL Begräbnisbuch der Domgemeinde F. 298, B. 1, S.1, 2.

Abb. 1　Christian Friedrich Stölzel. DER WEISE

Abb. 2 Carl Heinrich Rahl. DIE HEILIGE JUSTINE

Abb: 3   Adrian Zingg. ERGERBERG BEI KARLSBAD

Abb. 4 Jacques Callot. MAIFEST IN KSEJI

Personenregister

Hinweise auf Abbildungen in Kursiv

Abel, Josef 201, 203
Achenbach, Andreas 115
Achenbach, Oswald 110, 114, 115, 117, 119, 121
Ackermann, Chr. 137
Adamson, Amandus Heinrich 22, 175, 176
Ahlstedt, August Fredrik 178
Aiwasovskij, Juan Konstantinowitsch 150
Aleksandra Federowna, Zarin 78
Aleksandrowskiy, Stephan Feodorowitsch 178
Alexander I., Zar 17, 26, 106
Alexander II., Zar 71
Alksnis, Adams 147, 149, 156
Anglada, Ermenegildo 150
Armistedt, James 183
Asmuss, A. 192
August III., der Starke 19, 96, 97
Avanzo, Domonico 170, 172

Baden, Friedrich von 101
Baehr, Johann Karl 188, 189
Baer, Carl-Johann 105, 217
Baer, Georg 105
Balodis, P. 149
Balzer, Anton 46
Barclay de Tolly 28
Bakjuisen, Ludolf 184
Barisien, Friedrich Hartmann 23, 24
Bartolomeos, Fra. 202
Baumanis, Arturs 147, 149, 155
Baumanis, Janis 155, 194
Bellini, Giovanni 80
Belott, Anne Marie 193
Bendemann, Eduard Julius Friedrich 98, 102
Benevento 203
Benois, Albert Nikolaijewitsch 178
Benois, Alexander 178

Berens, Reinhold 185
Berg, Georg von 71
Bergmann, L. 216
Berry, Herzog Jean de 197
Berthélemy, Jean Simon 55
Bezborodko, Alexander Prinz 199
Birnbaums, S. 149
Biron, Ernst Johann Herzog 184
Biron, Peter Herzog 184
Blankenhagen, von (Familie) 198
Blaschewitz, Johann Ferdinand 106, 107
Blum, Benjamin 149, 156, 157
Bochmann, Gregor von 113 109, 111, 118, 119, 120, 121, *125*, *126*, 175
Boetticher, E. von 194
Böcklin, Arnold 149, 152, 157, 158
Böms, Romis 95
Bogoljubow, Aleksej 194
Boisserée 182
Bolljahr, Carl 26
Bolschwing, Ottilie von 103, 104
Bonnard, P. 150
Borchert, Bernhard 149, 157
Borghese, Camillo Prinz 200, 203
Bosse, Ernst Gotthilf 105
Boucher 75
Brederlo, Anna Juliana 185,
Brederlo, Friedrich Wilhelm 183, 184, 185, 187
Brederlo, Johann David 184
Brederloh, Peter 184
Brotze, Johann Christoph 42, 54
Brueghel, Pieter d. J. 183
Brutzer, Helena Marie 185
Brutzer, K. E. 185
Buchholz, August Wilhelm 192
Budberg, Woldemar Dietrich 24, 28
Bülow, Leonhard 217
Büttiger, Carl August 26
Burke, Edmund 48
Burljuk, D. 150
Burljuk, W. 150

Callot, Jacques 175, 217, *222*
Campenhausen, Johann Christoph von 24
Canova, Antonio 200, 201
Caravaggio, Michelangelo Merisi 203
Carracci 174
Caserta, Herzog 203
Cassas, Luis Francois 43, 52, 53, *63*
Champaigne, Ph. De 217
Clara, August Philip 22
Clarenbach, Max 118
Coniam 202
Corinth, Lovis 120, 157
Cornelius, Peter 110
Corot, Jean-Baptist-Camillo 105
Correggio, Antonio Allegri 83
Couture, Thomas 138

Darbés, J. F.A. 23, 24, *35*
Dahl, Johann Christian Clausen 106, 107, 175, 188
Dannenberg, Alice 157
David 52, 73
Denis, Maurice 150
Denon, Dominique Vivant 43, 52, *64*, 199, 202
Dietrich, Christian Wilhelm Ernst 193
Dimitrijew, Alice 157
Dongen, Kees van 150
Döring, Julius 96, 98, 99, 100, 101, 102, 103, 104, 106, 203
Dücker, Eugene 109, 111, 114, 115, 116, 117, 118, 119, 120, *123*, *124*, 175
Dubrowski, Pierre 199
Dyck, van 174

Edelfelt, Albert 152
Eggink 101
Ehrhardt 103
Ekster, A. 150
Este (Familie) 197
Ewers, Ph. G. von 28, 31

Faehlmann, F. R. 29, 31
Fauconier, H. le 150
Farnese (Familie) 197

Feders, Jūlijs 146, 147
Ferrato, Sasso 203
Feuerbach, Anselm 73
Flandern, Robert von 101
Folker, E.F.H. 191
Foltz, A. 191
Forbin, Louise Nicolas Graf 52, 53
Forsell, Elli 151
Franken, Helene 103
Friebe, Wilhelm Christian 42
Friedrich II., der Große 198
Friedrich, Caspar David 15, 108, 184, 198

Gaehtgens, Ernst 157
Gallén-Kallela, Akseli Valdemar 152
Gauermann, Friedrich 188
Gebhardt, Eduard von 109, 111, 112, 113, 114, 117, 118, 120, 128, 129, 130, 131, 132, 133, 134, 136, 139, 140, 141, 142, 175
Genss, Julius 75
Gessner, Salomon 45, 46
Gheest, Wybrand Symonsz de 217
Gilly, Friedrich 43
Glehn, Juliane von *37*
Gleizes, A. 150
Goethe, Johann Wolfgang von 14, 16, 26
Gogh, Vincent van 157
Gontscharowa, N. 150
Gottschalck, Friedrich 50,
Graff, Carl Anton 19, 25, 104, 217,
Grass, Karl Gotthard 42, 47, 48, 56, *62*
Gray, James Philip 190
Grenzstein, Tônis 127, 129, 141, 142
Gross, Carl Christoph 187, 193, 195, 196
Grothus (Familie) 183, 196
Gruenewaldt, Moritz von 157
Grünwaldt, Mary von 69
Guercino 203
Guardi, Francesko 190

Haase, Heinrich 201
Hackert, Philipp 55, *67*
Hagen-Schwarz, Julie 33, *39*
Hammer, Moritz Ludwig 155, 195
Hartmann, Christian Ferdinand 71
Hasdorf, Gerd 26
Hasenclever, Johann Peter 188
Hasenpflug, Carl Georg Adolph 175
Hau, Eduard 29
Hau, Johannes 169, 170, 171
Hau, Woldemar 32
Hay, Johann Edward 217
Hellbach, A. 28, 29
Hellermann, Dorothee von 27
Henning, S. 216
Herder, Johann Gottfried 26, 42
Hess, H. Maria 73
Hess, L. 47
Heubel, Alexander 102, 189
Hildenbrandt, Theodor 75, 112, 113
Himsel, Nikolaus 182, 183
Hins, Kārlis 146, 147
Hippius, G. A. 30, 31, 32, 174, 175
Hirschfeld, C.C.L. 46, *59*
Hoffmann, Oskar 33, 129
Holbein, Hans d.J. 174, 203
Hollander (Familie) 183, 192, 193, 196
Hollander, Anna 192
Hollander, August Heinrich von 182, 192, 193
Hollander, Johann Heinrich von 193
Hollander, Christoph 192
Hollander, Eduard Heinrich Gustav 192
Hollander, Johann Samuel 193
Holst, Niels von 197, 198
Honthorst, 202
Houel, Jean Pierre 43, 52, 53
Humboldt, Wilhelm von 202
Hupel, August Wilhelm 24, *35*, 53, 216

Īders, Theodors 159
Ingre 76
Isdebsky, Wladimir 150

Jaggia, Raden Saleh Ben 105
Jannau, Heinrich Johann 41, 56
Jasper, Victor 176, 177
Jaunsudrabiņš, Jānis 151, 156
Jernberg, August 117
Jernberg, Olof 117
Johann dem Guten, König von Frankreich 197
Jung-Stilling, Elise von 104, 149
Justi 14

Kalve, Peteris 156, 157
Kampf, Arthur 114
Kampf, Eugen 117
Kandinskiy, W. 150
Kant, Immanuel 27
Katharina, II., Zarin 23
Kauffmann 200
Kauffmann, Angelica 54, *65*
Kaulbach, Wilhelm von 174
Kerkovius, (Familie) 183, 196
Kerkovius, Christopher 196
Kerkovius, Ludwig Wilhelm 155, 182, 192, 194, 195
Kersting, Georg Friedrich 26
Keyserling, Heinrich Graf 204
Kiber, Wilhelmine 195
Klein, von 99
Klengel, Johann Christian 104, 107
Klever, Julius Sergius von 175
Klinger, Friedrich Maximilian 18
Klinger, Max 149
Klopstock, F.G. 45
Klünder, J. A. 29
Knorre 19
Kosakowsky, H. 175
Koch, Joseph Anton 174, 184
Köler, Johann (Ivan Petrowitsch)
    auch Köler-Viljandi genannt 22, 176

Kohl, Clemens 24, *35*
Kompus, Hanno 75
Kosegarten, F. F. 170, 171
Kotzebue, August von 26
Krastiņš, Peteris 156
Krastiņš, Voldemars 156
Krause, Johann Wilhelm 42, 43, 44, 45, 46, 48, 49, 50
　　　　　　　　　　　51, 52, 53, 54, 55, 56, 57, 58,
Kray, W. 177
Kronwald, Carl 215
Krüger, W. 22, 189
Krüger, Günter 14, 169
Kügelgen von (Familie) 25, 71
Kügelgen, Gerhard Franz von 21, 25, 26, 27, 105
Kügelgen, Karl Ferdinand von 71, 172
Kügelgen, Gerhard von 15, 20
Kügelgen, Konstantin von 71
Kügelgen, Sally von 33
Kügelgen, Wilhelm von 72
Kuindshi, Archip 152

Lancmane, Jeva 104
Lagorio, L. 178
Laikmaa, Ants 22, 127, 135, 136
Lambrecht, Johann Georg 185
Lamprecht, Anna Juliana 185
Lamprecht, Helena Marie 185
Lamprecht, Katherina Juliane 185, 186
Landini 200
Lange, 137
Larionow, Michail Fjedorowitsch 150
Lehmann, C. 172
Lehrberg 28
Leistikow, Walter 157
Lempertz 204
Lenbach, Franz von 120
Lerius, Joseph Henri Francois van 139
Lessing, Gottfried Ephraim 14
Lessing, Karl Friedrich 75, 110
Levitan, I. 150
Leuchtenberg, Maria Maksimilanowna, Herzogin 77

Leuchtenberg, Maximilian, Herzog 77
Liebermann, Max 120, 149
Liesegang, Helmut 117
Lieven, Friedrich Georg von 14
Lieven, Marie Elisabeth von 14
Lieven, von (Familie) 198
Liphart, von (Familie) 198
Lischewitz, Georg von 16
Londicer, E.W. 129
Loodus, Rein 27
Loudon, Elise 103
Loo, Jacob van 190
Lorrain, Claude 46, 174
Ludwig, I., König von Bayern 201
Ludwig, Karl 194
Luini, Aurelio 204

Machart (Mackart) Hans 176, 190, 191
Madrazo, Frederigo de 188
Maggiotto (Majotto), Domenico 54
Maibach, Karl Ludwig 73
Makowskij, Konstantin 178
Mantegna 174
Manteuffel, Heinrich Zoege von 71
Manteuffel, von (Familie) 71
Maria Nikolaevna, Großfürstin 77, 78,
Maschkow, Ilja 150
Mattenheimer, Theodor Andreas 195
Matisse, H. 150
Matvejs, Voldemārs 150
Matthäus, Friedrich 105
Maydell, E. von 30
Maydell, F. L. von 30, 31
Meden, von (Familie) 198
Medici (Familie) 197
Mellin, Ludwig August Graf 53
Menzendorff 155
Menzel, Adolf 155
Merkel, Garlieb 42, 56, 57
Meyer, Leo 33
Michelangelo, Buonarroti 198

Michelson, Michael Alexander 105
Molenair, Klaas 184
Molijn, Pieter de 184
Molyn, Jan Jacob 195
Momper, Joos de 184
Montferrand, Auguste Ricard de 79
Mor 203
Morberg 155
Morgenstern, Karl 18, 19, 26
Mühlen, Rudolf von zur 127, 129, 139, 140, 141
Müller-Kurzweli, Konrad 194
Munsterhjelm, Hjalmar 178
Muscheron, Frederik 184

Nanteuil, Robert 217
Napoleon 52, 198, 199
Neer, van de 204
Néf, Felicité 71
Neff, Carl Timoleon von 26, 32, *38*, 69, 70, 71, 72, 73, 74, 75, 76, 77, 78, 79, 80, 81, 82, 83, 85, 86, 87, 88, 172
Neff, Louise von 80
Neidhardt Hans Joachim 97, 105
Neumann, Wilhelm 42, 95, 98, 102, 103, 106, 148, 181, 190
Neus, P. 171
Nikolaj, Aleksandrovic 87
Nikolaus I., Zar 71, 77, 78, 85, 86

Oechs, Joseph Dominicus 104, 106
Offenberg, Christian von 15
Olga Nikolaewna, Großfürstin 77
Olivier, Ferdinand 97
Ophey, Walter 117
Ostade, Adriaen 202, 217
Ostade, Isaak van 190
Overbeck, Friedrich 31, 74

Panck, J. E. von 30
Parrot, Franz 17, 18, 26
Parrot, Georg Friedrich 26
Paul I., Zar 17,18

Peter, I., Zar 9, 86
Peter, Herzog von Kurland 184
Petersen, Ludwig Heinrich 170, 175
Petroff-Wodkin, Kasjma 150
Pezold, August Georg Wilhelm 30, 31, 32, *36*, 37, 171
Pezold, Leopold von 129
Pfenninger, Matthias 47
Pflug, R. 155
Pforr, Franz 137
Piranesi, Giovanni Battista 56, *68*
Pistohlkors, August von 198
Plettenberg, Wolter von 216
Plockhorst, Bernhard 138
Porseliss, Jan 184
Pohr, Emilie Katharina Auguste 192
Pösehl, Karl 72
Poussin, Nicolas 46, 175, 203
Prauling, Friedrich 191
Prochorov/Prochoroff, Wassilij Alexandrowitsch 87
Prowé, J. 133
Purvitīs, Vilhelms 147, 149, 151, 152, 153, 154, 157, 158, 159, *162*, *167*
Puttbus, Malte Fürst von 200

Raffael/Raffaelo Santi 33, 72, 80, 81, 201, 202, 203, *207*
Rahl, Carl Heinrich 220
Raud, Paul 22, 129, 176
Rauert, A. G. 30
Reczewski, C. 149
Reinhardt, Johann Christian 55
Reusner, Georg von 193
Reusner, Katharina Marie von 193
Reynolds, Joshua 13, 14, 17, 19
Richter Gerhard 31
Richter, Adrian Ludwig 31, 184, 188, 189
Richter, Carl August 51
Richter, Otto Friedrich 27
Rickmann, Theodor Heinrich 105
Rilke, Hans 118, 120
Repin, Ilja Jefimowitsch 150
Robert, Hubert 199, 203
Robert, Leopold 72, 73, 75, 76

Robiani, Domeniko de 183
Robinson 77
Romano, Guilo 203
Romanow 10
Romans, Aleksandrs 103, 156
Ropp, Ferdinand von der 197, 198, 199, 200, 201
Ropp, Joachim Baron von 204
Ropp, Theodor von der 197, 198, 199, 200, 201, 202
Rosenberg, Alfred 153
Rossetti, Dante Gabriel 85
Rotenhammer, Johann (Hans) 193
Rousseau, Jean-Jacques 46, 47, 48, *59*
Roze, Stanislavs Janis 146, 147
Rozentāls, Jānis 147, 149, 150, 151, 152, 154, 158, 159, *161*, *166*
Rubens, Peter Paul 174, 190, 198, 202, 203, 204
Rückteschell, Lydia 33
Rudolf II., Kaiser 137, 198
Rudolff, Elisabeth 33
Ruhedorf, Christian 15
Ruisdael, van 202
Rumjanzew, Graf 192

Sacken, Adele von 99
Sacken, Emilie von 99
Sadowsky, Wilhelm 215
Sarto, Andrea del 202, 203
Sauerweid, Gottlob Alexander 106
Schadow, Gottfried 14, 16, 110
Schadow, Wilhelm 110, 111, 112, 132
Schiller, Friedrich von 18, 43
Schilling, Carl August 213
Schilling, Helena Dorothea, geb. Schirren 213
Schilling, Reinhold Philipp 183, 213, 214, 215, 217, 218
Schinkel, Karl Friedrich von 14, 43, 202,
Schirmer, 110
Schirren, Gerhard Hieronymus 213
Schlater, Georg Friedrich 29, 175
Schlegel, August Wilhelm 200
Schlichting, Ernst Hermann 174, 175, 217
Schmidt, Marie 101
Schmidt, Rudolf 101

Schmitz, G. 177
Schneider, Sascha (Alexander) 177
Schuch, August Friedrich 171
Schwarz, Ludwig 33, 39
Seitz, Otto 139
Senff, Carl August 19, 27, 28, 105
Sengbusch, Alexander Gottschalk von 186
Sengbusch, Cord 186
Sengbusch, Konrad Heinrich von 187
Sengbusch, Kurt von 196
Sengbusch, Werner von 196
Sengbusch, Wilhelm von 185, 186, 187
Serow, W. 150
Siewers, (Ehepaar) 25
Signac, Paul 150
Sitt, Martina 120
Slevogt, Max 120
Sohn, Carl Ferdinand 74, 112
Sohn, Wilhelm 112
Solly, Edward 182
Sonntag, K.G. 216
Spohr, Friedrich Wilhelm 105
Sprengel, Theodor Albert 119, 127, 136, 137, 138, 139, 175, 176
Stackelberg, von 174
Städel, Johann Friedrich 137, 182
Stael, Madame de 200
Steffenhagen, W.S. 216
Stern, Friedrich Siegmund 114
Stölzel, Christian Friedrich 219
Stoffregen, Konrad 26
Štruls, Aleksanders 156
Struck, Hermann 191
Struck, Franz von 149, 157, 158
Suta, Romans 145

Teniers, David 174, 202
Thoma, H. 176, 177
Thorwaldsen, Bertel 200, *208, 209*
Tiepolo, Giovanni Battistan 190
Tilbergs, J.R. 149
Timm, Wilhelm Georg 106

Tischbein, Wilhelm 15
Tiziano, Vacellio 190
Toppelius, Woldemar 178
Transehe, von (Familie) 198
Transehe-Roseneck, Helga von 196
Transehe-Roseneck, Paul von 183, 189, 190, 191, 196
Triik, Nikolai 22
Trobe, la 71, 77
Tugendhold, J. 154

Ungern-Sternberg, Johann Carl Emanuel Freiherr von 28
Ungern-Sternberg, von 174
Utrecht, Jacob von 183
Uvarov 85

Vallotton, F. 150
Vallot, Paul 148
Valters, Jānis 103, 147, 149, 151, 152, 155, 159, *163*, *164*
Veits, Philipp 73
Venecianov, Aleksej 76
Venne, Adrien Pieters van de 195
Vernet, Carl Friedrich 27
Vernet, H. 105, 175, 203
Vincis, Leonardo da 202, 204
Vogel von Vogelstein, Karl 70
Volz, August 149
Voogt 203

Wallraf, Ferdinand Franz 182
Walter Roland 157
Walter, C. S. 31, 171, 172, 174
Walther-Kurau, Johann : siehe Valters, Janis
Waterloo, Anthonie 46
Wegener, Joachim Heinrich Wilhelm 182
Weizenberg, August 22, 31, 175, 176
Wetter-Rosenthal, C. von 30
Whistler, D. 152
Whistler, James Abbott 157
Wiedemann, F. J. 32
Wieland, Christian Martin 26
Wildenstein, Hans von 50

Wilhelm I., von Württemberg, 201
Winckelmann, Joachim Johann 13, 17, 18, 19, 43, 96
Winkler, Carl von 175
Wistinghausen, von 28
Woldemar, Christian 10, 32
Wunsch, Marie 194

Zarins, Richards 159
Zeltiņš, Voldemaris 157, *165*
Zilzer 176
Zimmermann, Adolf Gottlob 72
Zingg, Adrian 51, 221, *217*
Zorn, Anders 152

Ortsregister

Aachen 114
Amsterdam 193
Anna siehe Annenhof (7)
Annenhof 140
Antwerpen 113, 139
Arensburg 114
Athen 14, 55, 96

Basel 137
Berlin 14, 33, 72, 110, 113, 129, 138, 148, 157,
 181, 182, 191, 194, 201, 202, 204, 213
Bixten 204
Brüssel 113, 203

Cesis siehe Wenden

Dessau 26
Diedenhofen 141
Dorpat 14, 17, 18, 19, 20, 26, 27, 29, 30, 33, 34, 41,
 42, 43, 49, 50, 51, 52, 55, 58, 135, 139, 141,
 169, 179, 195, 198
Dresden 14, 19, 21, 26, 27, 33, 50, 71, 72, 80, 96,
 97, 98, 99, 102, 103, 104, 105, 106, 107,
 108, 113, 136, 138, 139, 151, 155, 177, 182,
 188, 189, 201, 203

Duisburg 117
Düsseldorf 33, 75, 102, 103, 105, 109, 110, 111, 112,
 113, 114, 115, 116, 117, 118, 119, 120, 121,
 127, 128, 129, 130, 131, 132, 134, 135, 136,
 138, 139, 140, 141, 142, 143, 144, 147, 178,
 182, 194

Elley 198
Emmast 141, 142
Emmaste siehe Emmast
Ermenonville 46
Eupen 117
Euseküll 25

Feldhoff 201
Fellin 213
Flensburg 116, 169
Florenz 69, 97, 156, 200, 203
Frankfurt a. M. 137, 182, 188
Frauenburg 150

Glarus 48
Goldingen 148

Hamburg 133, 176, 182
Harju-Risti siehe Kreuzhof
Heidelberg 182
Helsinki 151
Hohenschwangau 17

Janngulbene siehe Neu-Schwanenburg
Järva-Madise siehe St. Matthäi
Jegelecht 138, 139
Jelgava siehe Mitau
Jerusalem 129, 137
Jerven siehe St. Johannis
Jôelähtme siehe Jegelecht
Jurjew siehe Dorpat

Kalsnava siehe Kalzenau
Kalzenau 195
Kandau 106
Karlsruhe 26, 110, 112, 182
Kassel 198
Kaunas 204
Kokenhusen 147, 148
Koknese siehe Kokenhusen
Köln 182, 204
Köngsberg 28
Kremon 47
Kreuzhof 135
Kreypau 19
Kuldiga siehe Goldingen
Kuressaare siehe Arensburg
Kusal 138

Kuusalu siehe Kusal
Kwidzyn siehe Marienwerder

Leesi 138
Leipzig 19, 25, 43, 112, 138, 145
Loccum 113
Loksa 138
London 13, 14, 198
Lübeck 183
Lyon 153

Madrid 80
Mailand 204
Majorenhof 154
Majori siehe Majorenhof
Marienwerder 138
Meißen 196
Merseburg 19

Mitau 17, 99, 103, 104, 106, 107, 149, 155,
    156, 184, 189, 198, 201, 204
Mollis 48
Moskau 103, 192
München 33, 106, 107, 112, 139, 153, 158, 181, 182, 184, 195

Narva 133, 138
Neapel 55, 203
Nehat 118
Neu Autz 204
Neuenburg 201
Neu-Schwanenburg 189, 190, 191, 192
Neuss 118, 119
Nizza 87, 88
Nöo siehe Nüggen
Nüggen 141, 142
Nürnberg 50, 216

Odenpäh 138, 139
Odessa 149, 150
Oisu siehe Euseküll
Otepää siehe Odenpäh

Paestum 14, 55
Paris 20, 71, 113, 118, 138, 141, 153, 156, 172,
　　　197, 198, 199, 200, 201, 202, 203, 204
Pärnu siehe Pernau
Pelci siehe Pelzen
Pelzen 148
Pergamon 197
Pernau 135
Peterhof 78
Pöltsama 24
Pöltsamaa siehe Pöltsama
Pokroy 201, 202, 204
Potsdam 198
Prag 198
Pühs 71

Ratingen 119
Randen 140
Range 140
Rannu siehe Randen
Ratshoff 198
Reval 20, 21, 24, 28, 30, 31, 33, 119, 128, 129,
　　　130, 132, 134, 135, 136, 137, 151, 153,
　　　154, 169, 170, 171, 172, 173, 174, 175,
　　　176, 179, 180, 195
Rheydt 118
Riga 15, 21, 26, 31, 41, 47, 49, 103, 104, 105, 106,
　　　107, 148, 149, 150, 153, 155, 156, 157, 170,
　　　178, 179, 181, 182, 183, 184, 185, 186, 187,
　　　188, 189, 190, 192, 193, 194, 195, 196, 213,
　　　214, 215, 216, 218
Röuge siehe Range
Rom 11, 30, 33, 44, 47, 54, 55, 56, 70, 72, 156, 189,
　　　197, 199, 200, 201, 203, 204
Roosa siehe Rosenhof
Rosenhof 140
Ruhental 192
Rundale siehe Ruhental
Ruth 103

Saldus siehe Frauenburg
Schadow 203, 204
Segewold 147, 154
Sigulda siehe Segerwold
Springfields 190
St. Johannis 111
St. Louis 113
St. Matthäi 137
St. Petersburg 10, 15, 20, 23, 26, 31, 32, 33, 52, 70,
76, 87, 106, 112, 114, 146, 147, 149,
152, 153, 155, 159, 195, 201
Stuttgart 18, 182

Tallinn siehe Reval
Taormína 14
Tartu siehe Dorpat
Treyden 47

Valga siehe Walk
Venedig 203
Versailles 52, 201
Viliandi siehe Fellin
Vlissingen 118
Voronesh 26
Vyborg 136

Walk 34
Wallenstadt 48
Waltershausen 136
Weimar 16
Wenden 24, 47
Wien 112, 113, 176, 191, 203
Wiesbaden 185
Wildenfels 50

Zittau 46, 56
Zürich 48

Autorenverzeichnis

Abel, Tiina

Tina 17 – 1
EE 10126 Tallinn
Tel: 423312

Holland-Hübner, Gabi

Sternstr. 2
24116 Kiel
Tel: o431-94717

Knorre, Alexander v., Dr.

Karl-Brandt-Weg 7
44621 Herne
Tel: 02323-162611
Direktor Emschertal-Museum

Lamberga, Dace

K. Valdemâra iela 10a
LV 1010 Riga
Tel: 7323204
Fax: 7325051
Staatliches Kunstmuseum Riga

Loodus, Rein, Dr.

Sütiste tee 34 – 25
EE 0034 Tallinn
Institut für Geschichte
Rüütli Str. 6
EE 0001 Tallinn

Lougas, Anne

Vikerlase 26 – 55
EE 13616 Tallinn
Estnisches Kunstmuseum Reval

Opalais, Valentīna

Pils laukums 3
LV 1844 Riga
Tel: 7225209 oder 7228776
Museum für Ausländische Kunst Riga

Polli, Kadi	Valgevase 5 – 3 EE 0004 Tallinn Tel: 6440140
Reineking-von Bock, G., Prof. Dr.	Riehler Gürtel 45 50735 Köln Tel: 0221 – 768870 Fax: 0221 – 7609014
Smite, Edvarda	K. Valdemâra iela 10a LV 1010 Riga Tel: 7324461 Fax: 7324451 Staatliches Kunstmuseum Riga
Sternberg, Carsten Dr.	Schloßstr. Direktor Museum Schloß Rheydt 41239 Mönchengladbach Tel: 02166 – 928900
Upeniece, Daiga	Pils laukums 3 LV 1844 Riga Tel: 7225209 oder 7228 Direktorin des Museums für Ausländische Kunst

Schriftenreihe BALTISCHE SEMINARE
der Carl-Schirren-Gesellschaft e.V.

Band 1: **Karl Heinz Borck** (Hrsg.): *Die Bibelübersetzung und ihr Einfluss auf die estnische Kulturgeschichte.* Lüneburg 1996, 141 S.,(ISBN: 3-923149-27-1)

Band 2: **Claus von Aderkas** (Hrsg.): *300 Jahre lettische Bibelübersetzung durch Ernst Glück und ihr Einfluss auf die lettische Kulturgeschichte.* Lüneburg 2001, 136 S., (ISBN: 3-923149-29-8 bzw. 3-932267-31-1)

Band 3: **Günter Krüger** (Hrsg.): *Klassizismus im Baltikum.* Lüneburg. (in Vorbereitung, ISBN: 978-3-923149-37-7)

Band 4: **Uwe Albrecht** (Hrsg.): *Gotik im Baltikum.* Lüneburg 2004, 276 S., (ISBN: 978-3-923149-38-4)

Band 5: **Michael Garleff** (Hrsg.): *Literaturbeziehungen zwischen Deutschbalten, Esten und Letten.* Lüneburg 2007, 236 S., (ISBN: 978-3-923149-39-1)

Band 6: **Claudia Anette Meier** (Hrsg.): *Sakrale Kunst im Baltikum.* Lüneburg. (in Vorbereitung, ISBN: 978-3-923149-40-7)

Band 7: **Heinrich Wittram** (Hrsg.): *Baltische Gutshöfe. Leben - Kultur - Wirtschaft.* Lüneburg 2006, 324 S., (ISBN: 978-3-923149-41-4)

Band 8: **Detlef Kühn** (Hrsg.): *Schulwesen im Baltikum.* Lüneburg 2005, 220 S., (ISBN: 978-3-923149-42-1)

Band 9: **Gisela Reineking-von Bock** (Hrsg*.): Künstler und Kunstausstellungen im Baltikum im 19. Jahrhundert.* Lüneburg 2007, 248 S., (ISBN: 978-3-923149-43-8)

Band 10: **Norbert Angermann** (Hrsg.): *Städtisches Leben zur Zeit der Hanse im Baltikum.* Lüneburg 2003, 290 S., (ISBN: 978-3-923149-44-5)

Band 11: **Heinrich Wittram** (Hrsg.): *Der ethnische Wandel im Baltikum zwischen 1850 und 1950.* Lüneburg 2005, 236 S., (ISBN: 978-3-923149-45-2)

Band 12: **Otto Heinrich Elias** (Hrsg.): *Zwischen Aufklärung und Baltischem Biedermeier.* Lüneburg 2007, 364 S., (ISBN: 978-3-923149-46-9)

Band 13: **Jörg Hackmann** (Hrsg.): *Korporative und freiwillige Assoziationen in den baltischen Ländern.* Lüneburg (in Vorbereitung, ISBN: 978-3-923149-47-6)

Band 14: **Detlef Henning** (Hrsg*.): Nationale und ethnische Konflikte in Estland und Lettland während der Zwischenkriegszeit.*
Lüneburg (in Vorbereitung, ISBN: 978-3-923149-50-6)

Band 15: **Dr. Yvonne Luven** (Hrsg*.): Das nationale Erwachen ab dem 19. Jahrhundert im Baltikum.*
Lüneburg (in Vorbereitung, ISBN: 978-3-923149-52-0)

Band 16: **Dr. Jürgen Heyde** (Hrsg*.): Das Leben auf dem Lande im Baltikum*
Lüneburg (in Vorbereitung, ISBN: 978-3-923149-56-8)

Carl-Schirren-Gesellschaft e.V., Am Berge 35, D-21335 Lüneburg
Tel.: (04131)36788, Fax: (04131)33453

www.ingramcontent.com/pod-product-compliance
Lightning Source LLC
Chambersburg PA
CBHW060817190426
43197CB00038B/1885